CONTROL DE LA IRA

Controla Tu Ira Y Aprende A Dominar Tus Emociones. Control Del Envejecimiento A Través De Autodisciplina Y Conciencia. Alcanza Libertad Y Crecimiento De Autoestima Y Amor Propio.

Amanda Johns

Copyright © 2020 por Amanda Johns.

Tabla De Contenido

Introducción

La ira es un sentimiento poderoso y complejo. Como las raíces de un árbol, las raíces de la ira pueden sumergirse profundamente y extenderse de varias maneras distintas. Esta parte aclarará una parte de las razones de la ira y la hostilidad y le solicitará que explore las raíces de su propia ira. Los individuos no suelen tener problemas con lo que sientes, sino con lo que haces. Un número tan significativo de procedimientos de ira-los ejecutivos se esfuman ya que toda la consideración está en hacerte cambiar lo que haces: contención, lucha, prácticas salvajes.

¿Cuál es tu estilo de enfado?

No todas las personas encajan en un estilo de ira, sin embargo, averiguar sobre los diversos estilos puede ayudarte a comprender mejor tu interesante patrón para cuidar de la ira. Averiguar sobre el estilo de ira del que se depende puede ser simplemente el paso inicial para entender y cambiar.

Sentirse seguro

¿Por qué razón la ira y el miedo se sienten más arraigados en nuestros cuerpos que los sentimientos amorosos como la alegría o la suavidad? Esto se debe a que inspiran un marco de alerta de crisis conocido como reacción de lucha o huida, una naturaleza de resistencia que compartimos con la mayoría de los animales vivos. En el momento en que percibimos el peligro, nuestros cuerpos intentan asegurarnos descargando hormonas que dan una erupción de vitalidad. Nos volvemos profundamente delicados con nuestro entorno. Nuestros cuerpos se preparan para la actividad, y nuestras perspectivas más desarrolladas se desconectan. Esta reacción es significativa cuando hay una verdadera amenaza a nuestra resistencia. En esas ocasiones, tenemos que responder rápidamente. Sea como fuere, imagínese un escenario en el que no haya una amenaza inmediata. En el caso de que estemos en modo de lucha o huida, terminamos respondiendo antes de que hayamos considerado realmente el enfoque más ideal para hacer frente a una situación. El temor es regularmente el sentimiento que se esconde bajo nuestra ira. Hay una amplia gama de miedos que puedes intentar evitar o cubrir con tu ira. Sus aprehensiones internas pueden desencadenar su precaución de pelear o escapar, en cualquier caso, cuando no son amenazas para su bienestar físico. La mayoría de las peleas no comienzan en vista de amenazas genuinas.

El ciclo de la ira: Podemos empezar a ver amenazas y peligros por todas partes. La ira y el desprecio pueden convertirse en los sentimientos que gobiernan nuestros sentimientos, alimentando un ciclo de ira, un patrón que es difícil de escapar. Este patrón también provoca lo que se conoce como un resultado inevitable, que implica que terminamos haciendo una realidad negativa que apoya la forma negativa en que nos vemos a nosotros mismos y a otras personas. Si estás centrado en la ira, harás una vida salvaje a tu alrededor.

Luchas por el poder: ¿Con qué regularidad se siente que todo el mundo está en tu contra? La lucha por el control es tal vez la mayor razón de la ira y la conducta forzosa, y las luchas de poder son probablemente la mayor fuente de contención entre los jóvenes y los padres. El poder juega con los problemas de ira de varias maneras. Por ejemplo, cuando después de no tener control sobre una situación, te sientes impotente. La impotencia es el azote de ser un joven, que necesita decidir sobre sus propias opciones, pero que al adherirse a todas estas decisiones de adultos parece ser una idiotez. Sentirse impotente durante mucho tiempo puede ser un caldo de cultivo para la ira. El maltrato del poder, la utilización del poder para controlar a otros, es otro modelo. Puedes sentirte impotente en una parte de tu vida, así que haces mal uso del poder en otra. Es un método para devolverle a otra persona lo que te ha hecho sentir. La propensión a la ira se crea regularmente a partir de luchas indeseables por el poder. Puede que hayas aprendido, en casa o entre amigos, que amenazar a los demás te permite conseguir lo que necesitas. Puede que tengas la opción de controlar a tus padres con la amenaza de una conducta fuera de control, similar a la de los vicios o las emergencias. Sea como fuere, ¿es éste realmente el tipo de relación que necesitas? Es posible que los educadores, los amigos y otras personas no se rindan tan eficazmente.

De hecho, lo más probable es que te eviten. A corto plazo, el abuso de poder puede darte el control sobre los demás. A largo plazo, te desatenderá sin esperanza y. El poder es la sensación razonable de poder que se origina desde el interior. No te sientes impotente, y no estás abusando del poder sobre otros. Más bien tienes una sólida seguridad en ti mismo que te da poder para lograr lo que quieres lograr, y no en detrimento de otros. El empoderamiento es el principal tipo de poder que realmente se siente muy bien para ti y para los demás.

1.¿Entonces no es "malo" sentirse enojado?

"La ira es un ácido que puede hacer más daño al recipiente en el que se almacena que a cualquier cosa sobre la que se vierta"

Mark Twain

La ira, como todos los otros sentimientos que encontramos, tiene efectos positivos y negativos. No es malo sentirse enojado porque la mayoría de sus efectos son motivacionales.

1. Liberar la ira nos ayuda a calmarnos, refrescando nuestras mentes lo suficiente para poder mirar la situación con perspectivas renovadas.

2. El enojo nos empuja a hacerlo mejor: por ejemplo, estar enojado por haber sido menospreciado nos inspirará aún más para lograr nuestros objetivos y obtener el reconocimiento que merecemos. Además, ser capaz de reflexionar sobre la propia ira es una forma segura de darse cuenta de si se está produciendo una injusticia.

3. La ira se usa a menudo como una distracción temporal, manteniéndonos en tierra cuando estamos en lo peor.

Sin embargo, no debemos olvidar que todos estos beneficios no pueden cosecharse si lo que tenemos es una ira descontrolada. Cuando no se controla, la ira sólo puede conducir a un aumento de la ansiedad y a un mayor riesgo de depresión. También rompe las buenas relaciones anteriores debido a los sentimientos heridos y a las decisiones precipitadas. Por último, la ira afecta a nuestra salud - ¡nuestro corazón, pulmones, e incluso el ciclo de sueño son dañados sin saberlo!

Las personas con problemas de control de la ira a menudo no se toman el tiempo para reflexionar. Para determinar el problema, alguien tiene que hablar con ellos O deben reflexionar sobre los momentos en que se sienten mejor. Sea cual sea el caso, responder a las siguientes preguntas ayudará a determinar si tiene problemas de ira:

1. ¿Con qué frecuencia te enfadas?

Si responde diariamente, pase a la siguiente pregunta porque puede haber una ligera posibilidad de que su ira esté justificada. Si dices varias veces en un día, ¡eso ya es una bandera roja! ¡La gente no se enfada tan a menudo! Además, pregunte: ¿cuánto tiempo dura mi enojo?

2. . ¿Por qué te enfadas?

Reflexiona sobre las razones por las que te enfadas. Si te enfadas por cosas pequeñas y accidentales, puedes tener problemas de ira. Sin embargo, si la naturaleza de tu trabajo implica supervisar a la gente, con algunos de ellos siendo constantes dolores de cabeza, tu ira puede estar justificada. La conclusión es pensar: ¿Mi ira es proporcional a la situación actual?

3. ¿Cómo son tus relaciones con otras personas?

Fíjese en cómo actúa la gente cuando está a su alrededor: ¿se sienten cómodos al acercarse a usted o lo evitan a propósito? Piensa en tus amigos: ¿todavía te invitan a tu cena semanal o ya estás excluido?

4. ¿Cuándo fue la última vez que rompiste algo por culpa de la ira?

La ira a menudo nos lleva a tirar o romper algo. Si experimentas esto a menudo, puede haber problemas de ira involucrados.

5. ¿Cuándo fue la última vez que dijiste e hiciste cosas hirientes?

La ira incontrolada a menudo hace que la persona diga y haga cosas hirientes; a veces, incluso se vuelve abusiva. ¿Cuál fue la última cosa cruel que le dijo a alguien? ¿Ha lastimado físicamente a alguien recientemente? ¿O hubo un momento en el que estuviste tan cerca de herir a alguien? Si puedes afirmar estas situaciones, necesitas empezar a controlar tu ira; de lo contrario, tú y las personas que te rodean seguirán sufriendo.

Para ser justos, responder afirmativamente a estas preguntas no significa necesariamente que no tengas esperanzas. De hecho, si todavía estás en un punto de tu vida en el que puedes identificar la necesidad de mejorar, la mitad de la batalla ya está ganada. Algunas personas que tienen problemas de control de la ira necesitan atención médica, pero otras simplemente necesitan tomar un descanso, reflexionar y probar cosas para aliviar el problema.

Una vez que has comprobado que tienes problemas de ira, necesitas reconocer las razones por las que necesitas controlarlos. En general, el control de la ira y el dominio de las emociones será bueno para su salud en general, pero para ser específicos, aquí están los beneficios que cambian la vida:

1. Abre mejores líneas de comunicación. Cuando no gritas a la gente o lanzas objetos al azar, mantienes una línea de comunicación abierta. Esto te hará entender mejor la situación y apreciarás por qué la persona está tratando de hacer lo que está haciendo.

2. Podrás tomar mejores decisiones. Si no puedes pensar con claridad a partir de la ira, te arrepentirás de cualquier decisión que tomes. Decidir estando enfadado suele resultar en acciones precipitadas, como herir físicamente a alguien o agredir verbalmente a una persona.

3. Con líneas de comunicación abiertas y una mejor capacidad de decisión, sus relaciones serán más estrechas y saludables. Esto se debe a que sus seres queridos no tendrán miedo de acercarse a usted.

4. Reducir significativamente tu estrés. La ira constante y descontrolada es a menudo una carga pesada que causa estrés; al ser capaz de dominar sus emociones y saber cómo acabar con la ansiedad, vive una vida diaria menos estresada. Y esto no sólo será bueno para su bienestar emocional sino también para su salud física.

5. Conviértete en una persona más agradable. Una persona que siempre está enojada no es agradable y probablemente no ganará ningún favor, grande o pequeño. En cualquier profesión, la autoridad es necesaria pero la simpatía también es esencial. Esto es bueno para una relación armoniosa con sus colegas.

Alcanzar estos beneficios mejorará totalmente su vida no sólo en casa, sino también en el trabajo. El esfuerzo que pondrás en dominar tus emociones valdrá la pena si consigues estos tesoros.

2.¿Qué es lo que hace que la gente se enoje?

"Hay dos cosas por las que una persona nunca debe enojarse, lo que puede ayudar y lo que no puede" Platón

Debido a su espontaneidad, suele ser difícil identificar el desencadenante o la causa de la ira. Incluso puede parecerte que tu ira sale de la nada. Esto se debe al nivel de intensidad con el que la ira siempre sale a la superficie; esto erradica la causa o el desencadenante y te deja perplejo.

Típicamente, a menudo te quedas con la consecuencia de tu ira o el daño que se ha hecho sin ningún conocimiento de lo que llevó a la ira en primer lugar. Este tipo de problema se convierte en un patrón recurrente, especialmente con las personas que tienen un problema de Gestión de la ira.

He visto casos en los que una persona tiene un episodio de ira explosiva, y al instante siguiente, ni siquiera puede recordar por qué explotó en primer lugar. A veces, reconocen la causa sólo después de que la explosión ya ocurrió, y luego sienten remordimiento por el resultado.

Es bastante fácil que esto se convierta en un ciclo o patrón. La mayoría de las veces, cuando algo sucede te enfadas; reaccionas de forma explosiva, te calmas después de un tiempo, te arrepientes de tu reacción de enfado ante la situación, y luego lo repites todo en otra situación. Lo que empeora es que no haces ningún esfuerzo por aprender la causa de tu ira, así que simplemente permaneces en ese patrón perturbador.

Para aprender a controlar la ira con éxito, es absolutamente importante conocer los factores que podrían estar causando su ira. Es imposible manejar algo si ni siquiera sabes la fuente de esa cosa.

No puedes aprender a controlar tu ira si no identificas y abordas la causa de la misma. Por ejemplo, si su ira es inducida por el estrés, pero no logra abordar los factores estresantes de su vida, le será muy difícil controlar la ira, incluso si se decide por el control de la ira. Mientras existan los factores estresantes, seguirás enfadándote por las razones más absurdas.

Típicamente, la ira es causada por personas, situaciones y circunstancias que se encuentran, ya sea intencionalmente o no. De estas tres, la causa más frecuente de la ira son las personas (especialmente aquellas con las que compartes relaciones personales). Sus parejas, hijos, amigos y familiares son algunas de esas personas que pueden molestarle o enfadarle constantemente.

Esto es comprensible porque su familia, amigos y niños son generalmente los que tienen una relación más estrecha con usted.

A continuación, hay varios factores que podrían ser el desencadenante o la causa de su ira, aparte de las personas o las situaciones. Si eres una persona que se enfada constantemente, sin importar lo trivial que sea la situación, puede que no se deba a que alguien siempre esté haciendo algo para molestarte o a que la situación sea habitualmente provocadora.

En muchos casos, el motivo de su ira puede ser algo completamente diferente de lo que usted piensa. Estas razones suelen ser algo que ni siquiera crees capaz de irritarte.

Por ejemplo, si llegas a casa del trabajo en un día agotador y sientes que algo te golpea justo cuando entras en la casa. Al entrar en la habitación, te das cuenta de que es tu hijo de 10 años quien lanzó la cosa que te golpeó. Si le gritas al niño porque te golpeó, ¿dirías que es realmente porque tu hijo te lanzó algo?

Por supuesto, puede parecer que la causa de su ira es que fue golpeado por algo que su hijo tiró. Después de todo, ¿cómo te habrías enfadado y gritado al niño si eso no hubiera pasado? Sin embargo, la verdadera razón de su enojo es el hecho de que tuvo un día agotador en el trabajo.

El estrés que sientes en el trabajo es lo que necesitabas para desahogarte, y elegiste hacer de eso una oportunidad para desahogarte. Si volvieras a casa, con espíritu libre, enérgico y feliz, obviamente no te importaría que te tiraran algo. De hecho, puede que incluso tomes al niño en tus brazos y juegues un poco antes de entrar.

Así que, a veces hay ciertos factores que desencadenan su ira por debajo sin su conocimiento. A continuación, identificaré y hablaré de algunos de los factores que podrían estar causando o desencadenando su ira.

Infancia y educación

La forma en que una persona reacciona a la ira o se enfrenta a los sentimientos de ira está influenciada en gran medida por el tipo de infancia y la educación que tuvo. Hay casos en los que la razón detrás de la ira de una persona mientras crece es que la aprendió mientras crecía.

Al crecer, muchas personas aprenden sobre la ira de una manera que hace difícil y a veces imposible de manejar como adulto. De niño, puede que hayas crecido en un entorno en el que la ira se suele manifestar de forma violenta o agresiva. Por lo tanto, creces con la idea de que esta es la forma correcta de mostrar tu ira.

Con una mentalidad como esta, puede que te encuentres incapaz de entender y manejar tu ira. Por lo tanto, te enfadas con las cosas más insignificantes. Puedes enojarte porque alguien hizo algo que no te gusta, aunque podrías haberte acercado a ellos y hablar de lo que hicieron. También puede tener un episodio de arrebatos de ira cuando se encuentre en una situación que no le guste.

Otra forma en que tu infancia o educación puede estar influyendo en tu respuesta a la ira es si creciste con la creencia de que reprimir la ira es la forma correcta de "expresarla". Muchas personas fueron criadas para creer que nunca deben quejarse cuando se sienten agraviadas o tratadas injustamente. También se les castigaba cuando expresaban su ira cuando eran niños.

Si te criaron así, el resultado es que acabas aprendiendo a reprimir tu ira, que luego se convierte en un gran problema en la edad adulta, haciéndote reaccionar a situaciones incómodas de manera inapropiada. También puede volver su ira hacia adentro si siente que no debe liberarla hacia afuera.

De niño, puede que hayas crecido viendo a tus padres y a otros adultos relevantes en tu vida actuar fuera de control cuando están enfadados. Esto puede haberte enseñado a ver la ira como algo que es bastante aterrador y destructivo.

Cualquiera de las dos cosas puede suceder; puede que te aterrorices de la ira como una emoción y tengas miedo de expresar tu ira. Esto significa que incluso cuando algo verdaderamente provocativo sucede, usted reprime la ira sin expresar cómo se siente.

Por otro lado, puedes aprender este comportamiento y también empezar a actuar como los adultos que viste crecer. En la eventualidad de que tengas miedo de enojarte, es posible que los sentimientos de enojo resurjan en situaciones que no tienen nada que ver.

Por ejemplo, si creces en una familia en la que tus padres siempre están peleando y reconciliándose, es posible que crezcas pensando que este es un comportamiento normal y empieces a exhibir comportamientos similares en tus relaciones, ya sea consciente o inconscientemente. Es posible que te sientas incómodo si tú y tu pareja no se pelean en el espacio de una semana con la creencia de que algo anda mal.

Experiencias pasadas

A veces, la razón por la que estás tan enfadado puede ser por ciertas cosas que has experimentado en el pasado. Si ha estado en situaciones que le han hecho enfadar en el pasado, pero ha tenido que reprimir esa ira porque no había manera de expresarla con seguridad, puede que siga alimentando esos sentimientos de ira sin que usted lo sepa.

El trauma, el abuso y la intimidación son algunas de las horribles experiencias que pueden poner a una persona en un estado perpetuo de ira. Las investigaciones han demostrado que las personas que intimidan a otros suelen ser las que también fueron intimidadas por otros.

Si eres un empleador y eres agresivo con tus trabajadores, es decir, los acosas, puede ser porque fuiste acosado por personas en la universidad o en la escuela secundaria mientras crecías. La mayoría de las personas que intimidan a otros en los medios sociales son los que realmente están siendo intimidados por otros en la realidad.

Las personas que han sufrido abusos físicos, verbales, emocionales o sexuales en el pasado pueden estar enfadadas debido al dolor que sienten al ser abusadas. Si una persona fue abusada sexualmente por alguien del sexo opuesto, esta persona puede ser inusualmente agresiva y estar enojada con cada uno de los sexos opuestos.

El trauma es también otra experiencia que puede ser la causa de la ira. Las experiencias traumáticas suelen tener efectos duraderos en una persona, incluso cuando ésta cree que ha superado la experiencia. Los recuerdos del trauma pasado pueden provocar sentimientos de ansiedad, frustración y desesperanza, que pueden desencadenar episodios de ira.

Las experiencias pasadas te ponen en una situación en la que encuentras ciertas situaciones inusualmente desafiantes, y esto te deja propenso a enfadarte. A veces, tus sentimientos actuales de ira no son producto de la situación en la que te encuentras. Más bien, están vinculados a experiencias pasadas. Lo que esto significa es que la situación en la que te encuentras actualmente refleja algo de tu pasado.

Para hacer frente a la ira, primero hay que tomar conciencia de la experiencia particular del pasado, que sirve como el desencadenante subyacente de la ira.

Circunstancias actuales

También hay ocasiones en las que el factor que desencadena tu ira es la circunstancia actual en la que te encuentras. Si tienes muchas cosas que hacer en tu vida actual, puedes encontrarte más propenso a la ira de lo que nunca estuviste. También puede que te enfades por cosas totalmente desconectadas.

Muchas personas se enfadan fácilmente porque están en una situación que les hace enfadar, pero no se sienten lo suficientemente valientes para abordar la situación o resolverla directamente.

Veamos un ejemplo. Si tu jefe en el trabajo es inusualmente difícil y agresivo contigo, esto seguramente te hará enojar. Pero, ya que es tu jefe, puede que no seas lo suficientemente valiente para abordar el tema con él.

Esto significa que tienes que reprimir la ira. Pero lo que pasa con la ira es que no puede ser reprimida por mucho tiempo. Así que, puedes dirigir la ira hacia tus colegas en el trabajo o hacia tus hijos en casa. Algo tan trivial como que su hijo derrame agua en el suelo puede desencadenar sentimientos de ira.

En este caso, la situación en el trabajo es lo que te hace enfadar, pero no sientes que puedas afrontarlo porque no quieres perder tu trabajo. Esto te hace redirigir la ira a tus colegas o a los pobres niños de tu casa.

La impotencia o la falta de poder

Este es un desencadenante común de la ira, especialmente entre los hombres. Es posible que te enfades más de lo normal porque estás en una situación que te sientes completamente fuera de control, y te sientes impotente. Ese ejemplo de tu jefe en el trabajo me viene a la mente en esta situación.

La impotencia se asocia a menudo con sentimientos de impotencia y una pérdida de control sobre los acontecimientos de la vida. A la gente le gusta sentirse en control, por lo que se enfada cuando se presenta una situación que no está dentro de su control.

Si tiene problemas de salud o está en una relación abusiva de la que siente que no puede salir, es posible que se sienta intensamente enfadada por lo indefensa que está en esa situación.

La clave aquí es siempre recordarse a sí mismo que algunas cosas estarán dentro o fuera de su control. Pero hay situaciones en las que usted tiene el control total; simplemente se deja que usted ejerza ese control.

El estrés y la ansiedad

La Asociación de Ansiedad y Depresión publicó datos que muestran que más de 40 millones de adultos estadounidenses sufren de ansiedad, y esto es casi un enorme 18 por ciento de la población total de los Estados Unidos.

Como ya he explicado, la ira, el estrés y la ansiedad son tres condiciones estrechamente relacionadas. Las personas que sufren de condiciones relacionadas con la ansiedad a menudo experimentan reacciones abrumadoras y fuera de control. Por lo general, terminan expresando su estrés y frustración en forma de ira.

A menudo, las situaciones de tensión e incertidumbre pueden hacer que una persona se enoje debido a la presión que dejan en el hombro y el cerebro.

Pena

La última causa común de la ira, que deberías saber, es la pena. Normalmente, una emoción abrumadora, la pena a menudo viene de situaciones dolorosas. También se asocia con las dificultades y la pérdida.

Los sentimientos de dolor pueden surgir de la muerte de un ser querido, una mascota o un amigo. También puede ser inducido por situaciones profesionales y relacionadas con la carrera, como la pérdida de su trabajo.

Cuando la pena te abruma, puede transformarse rápidamente en ira. Esta ira a menudo surge como resultado de la frustración y la injusticia que siente la persona en duelo. Por ejemplo, si pierde a su cónyuge, el solo hecho de pensar en el futuro que ambos imaginaron puede hacer que se sienta frustrado, agraviado y enojado por la crueldad e injusticia de su situación.

Su enojo puede estar dirigido especialmente a las personas por no poder entender cómo se siente realmente o simpatizar con su situación y el sufrimiento.

Aparte de las que acabamos de comprobar juntos, hay otras cosas que pueden desencadenar tu ira al ignorarlas.

3.¿Por qué siempre estoy enojado

"Aferrarse a la ira es como agarrar un carbón caliente con la intención de arrojarlo a alguien ms; tú eres el que se quema" Buda

¿Alguna vez te resulta difícil entender por qué estás enojado o de dónde vino? Hace unos minutos pensabas que estabas bien y luego algo te provoca y tal vez te arrepientas, devuelves el ataque, te pones sarcástico o sarcástico, le das un sermón a alguien, lo insultas, refunfuñas y chismorreas, tramas una venganza o incluso fumas o haces pucheros en silencio. La ira tiene muchos matices y parece que sí, ¿no? ¿Cómo te identificas cuando estás enfadado? Pregunto porque las causas y los significados de nuestra ira son bastante difíciles de resolver si no somos capaces de ser conscientes de cuando la experimentamos.

Paso uno: Identificar la ira

Tal vez tengo problemas para identificar la ira porque no quiero creer que me enfado, o no quiero ver con qué frecuencia me enfado. Tal vez pienso que la ira está mal o no está bien. Algunas personas lo hacen. ¿Quizás estoy negando mi ira porque tengo miedo de mi ira o de lo que puedo hacer o de lo que la gente va a pensar de mí? También es común. ¿Quizás pienso que es vergonzoso o que estoy perdiendo el control de mí mismo? ¿Quizás he experimentado estar en el extremo receptor de la ira y me dije a mí mismo que nunca me enojaría así? Entonces, ¿qué voy a hacer? Lo justificaré o lo re-etiquetaré. En otras palabras, o me concentro en la causa externa y la culpo por mi mala reacción, o encuentro la manera de hacerla algo más, algo más aceptable. Puedo alterar mi ira en hostilidad flácida, queja y represalia, o tal vez transformar la ira en lágrimas con las mujeres en particular. Otra forma de transformar nuestra ira es somatizando nuestros sentimientos, lo que significa alterarlos en síntomas físicos como tensión muscular, problemas digestivos, alta presión sanguínea o agotamiento.

Pero re-etiquetar o transformar mi ira en otra cosa y evitarla sólo exacerba el problema y no me ayuda a aprender sobre la fuente de mi ira y cómo tratarla y manejar mis emociones de manera saludable. El primer paso significa que sólo tengo que buscar en mis métodos de evasión y estar dispuesto a decir-" Estoy enfadado. A veces, estar menos enfadado implica un proceso en el que primero te enfadas más. No te enfadas más, pero a medida que te das cuenta de la ira que ya tienes, parece que es así. La idea es que esto se puede hacer sin recriminaciones. Podría sentirme culpable por cómo reaccioné, y si tirara a alguien debajo del autobús y fuera injusto, sería apropiado. Pero el objetivo aquí es la realidad de sentirme enojado y poseerlo.

Segundo paso: mi ira

La ira se considera una emoción secundaria para llegar a la parte inferior. Lo que esto significa es que la ira suele representar otra emoción detrás y debajo de ella. Quiero seguir el rastro hasta la fuente, la raíz, ahora que he identificado que estoy enfadado. Recuerdo que mi ira me dice algo emocionalmente sobre lo que está pasando dentro de mí. Mi actitud es de detective jugando. ¿Por qué? ¿Por qué esta emoción no deseada no se aplasta? En pocas palabras, en la medida en que no entiendo las raíces o el significado de mi ira, es la medida en que seré infeliz y estaré descontento toda mi vida. Me doy cuenta de que puede ser un trabajo duro, pero va a valer la pena para ti.

¿Cómo voy a hacer esto?

1. Hazte buenas preguntas sobre el significado de tu ira. ¿Qué dice o hizo esta persona? Para analizar sus sentimientos, busque palabras descriptivas o metáforas.

2. Piensa en el evento a través de tus pensamientos o percepciones. ¿Cómo comprendí la situación? ¿He notado un ataque o uno leve? ¿He sido despedido o malinterpretado? ¿He empezado a pasar por mis peores escenarios?

3. Intenta recordar los momentos en los que te sentiste igual para ayudarte a entender el significado.

4. Busca un amigo seguro y de confianza si te quedas atascado o te quedas en blanco para ayudarte a hablar y hacerte preguntas.

El dolor y la decepción son dos vínculos comunes de la ira. Pero como estos sentimientos se perciben como vulnerables o débiles, estamos condicionados a ocultar tales sentimientos en nuestra sociedad. Una forma de ocultarlos es convertirlos en ira.

Paso tres: Vivir auténticamente

La ira se siente más segura que sentir mi vulnerabilidad y menos dolorosa. Pero el gato está fuera de la bolsa ahora oficialmente. Puedes avanzar o abordar las cosas de abajo, o puedes volver atrás y seguir usando la ira para cubrir esas cosas. Un camino lleva a menos ira, irritabilidad, resentimiento y a un mejor tú. Ya sabes lo que es uno.

Es curioso, pero realmente ayuda a reconocer tus cosas subyacentes. La única manera de curarlas es siendo honesto contigo mismo sobre tus heridas. Se trata de la honestidad. Significa que mi corazón es valorado. Luego viene el coraje de apreciar y honrar mi corazón a los demás. Sí, es peligroso. Pero aprender que no todos respetan tu vulnerabilidad también, creo que significa descubrir que algunas personas lo harán. Y vivir con aquellos que te respetan auténticamente, eso trae la curación de nuestras heridas y pérdidas.

Ninguno de los pasos es fácil de terminar. Si lo fueran, no seríamos una cultura tan enfadada y descontenta. Esa cultura presenta un desafío contra el cual tendrás que nadar contra la corriente. Hay mucha gente a la que no le gusta ser vulnerable a alguien. Y voy a decirles por qué. No es porque la gente vulnerable sea débil, así que miran hacia abajo y merecen ser pisoteados por los poderosos. No, no. Desafortunadamente, la realidad es todo lo contrario. Porque los expone y muestra lo que es la verdadera fuerza y el coraje, es la verdadera fuerza de ser vulnerable y los que no lo son le temen. Así es como se burlan y se llama debilidad. Es como un dictador que teme que la gente descubra que tiene más poder que él si se levantan. El mundo en general no eleva la madurez personal, la salud emocional y la madurez espiritual. Dios nos dice que no nos sorprenda esto en el libro bíblico de I Pedro. Las masas no respetaron al propio Jesús. Pero apreciará a aquellos que eligieron conocerlo. Y serás más libre, más paciente y más pacífico. Y al final del día puede que descubras que el hecho de estar menos enfadado puede hacerte menos popular (sólo para algunos, claro está), y más feliz y contento.

4.Me siento tan enojada por dentro

"El enojo y los celos no pueden soportar más la pérdida de sus objetos que el amor" George Eliot

V olver tu ira y tu frustración hacia adentro, seas consciente de ello o no, es una de las cosas más autodestructivas que puedes hacerte a ti mismo.

Si estás enfadada contigo misma por no ser más atractiva, más exitosa o felizmente casada, empieza preguntándote qué es lo que te impide conseguir lo que quieres. Si te quedas con esta pregunta por un tiempo, te darás cuenta de que o bien no quieres realmente estas cosas o que el esfuerzo de conseguirlas superaría cualquier beneficio que vieras.

Desafortunadamente, no tener lo que te gustaría o crees que mereces es a menudo el resultado de las elecciones que hiciste en el pasado y que ahora estás pagando.

No tener lo que quieres es un tema complicado, especialmente si la razón por la que no puedes conseguir algo está fuera de tu control, como suele ocurrir. Aunque tener ensueños puede ser una poderosa energía inspiradora que puede ayudarte a superar los problemas, tener sueños impracticables o no hacer lo suficiente para que ocurran sólo te hará sentir triste, indignado y - lo peor de todo - enojado contigo mismo por no haberte esforzado más.

Usualmente dirigimos la ira hacia afuera, hacia otras personas como el gobierno, una persona en particular, o incluso la vida en general. Así que, como en las grandes situaciones, la ira puede llevar al asesinato, el auto-engaño puede llevar al suicidio.

La ira viene en muchos frentes: como antipatía, lívida y desenfrenada, o denuncia. Pero también puede ser enmascarada por sentimientos como la molestia, la envidia, la responsabilidad o la baja autoestima.

Entonces, ¿qué hacer si estás abiertamente o en secreto enojado contigo mismo? Además de aprender a controlar la ira, puedes hacer una de dos cosas.

2 cosas que hacer cuando te sientes enfadado contigo mismo:

● Perdónate a ti mismo

El hecho de que no seas lo que crees que deberías ser o tengas lo que crees que mereces podría deberse a elecciones de vida equivocadas, o simplemente a expectativas poco realistas. Sin embargo, aunque es necesario reconocer tus errores antes de poder avanzar, golpearte por algo que hiciste o dejaste de hacer no te llevará a ninguna parte. En lugar de revolcarse en la culpa o el odio a sí mismo, aprenda de sus errores, enfrente sus demonios (pensamientos culpables, sentimientos heridos, decepción) y deje de repetir una y otra vez en su cabeza que es un fracaso. Si puedes perdonar a los demás, ¿por qué no puedes perdonarte a ti mismo?

● Averigua por qué estás enfadado

Si la razón de tu ira está justificada, haz algo al respecto. Si no lo está, no te estreses pensando constantemente en lo injusta que es la vida, en lo ingratos que pueden ser los niños, en lo egoístas, groseros o arrogantes que son las personas.

Si crees que te mereces algo mejor y crees que puedes usar tu ira para hacer que otros se den cuenta de la injusticia que se te hace, haciendo lo que crees que puede mejorar la situación.

Sin embargo, no olvides que la ira a menudo engendra más ira, así como resentimiento y miedo. Para evitar los comportamientos y pensamientos autodestructivos, deje de pensar en el pasado (y en sus fracasos) y concéntrese en el presente (y en las nuevas oportunidades).

Aprende a entender tu enojo

Antes de intentar controlar tu ira, tienes que asegurarte de que entiendes qué la está causando, qué la está causando REALMENTE.

La próxima vez que te sientas enfadado, intenta calmarte para que puedas pensar claramente en lo que te hace enfadar. Esto no es fácil y probablemente tendrás que intentarlo más de una vez, porque a menudo nos convertimos en maestros en engañarnos a nosotros mismos.

4 pasos para entender tu ira:

1. Reconozca su ira

Deja de decirte a ti mismo (y a los demás) "Estoy bien". No puedes estar bien si en el fondo estás hirviendo de rabia. A menos que reconozcas que tienes un problema, no podrás empezar a buscar una solución.

Identifica el sentimiento clave detrás de tu ira

Esto puede ser difícil, pero si estás acostumbrado a sintonizar con tus emociones, no será demasiado difícil. La inteligencia emocional es una herramienta que puede ayudarle a comprender sus emociones, y por qué su ira suele enmascarar emociones más intensas como la decepción, la soledad o el abandono.

Pregúntate a ti mismo por qué

Una vez que descubras lo que realmente alimenta tu ira, sé brutalmente honesto contigo mismo y admite por qué el miedo, la tristeza, la envidia o cualquier otra emoción secundaria te está haciendo sentir tan mal. Por ejemplo, puedes temer al futuro (si crees que pronto te despedirán), puedes temer a la soledad (si sospechas que tu pareja está contemplando dejarte), puedes temer a la muerte (si sabes que tienes un grave problema de salud), puedes sentirte triste (porque has decepcionado a alguien), puedes sentirte resentido (por las oportunidades perdidas), puedes sentir envidia (porque entre todos tus amigos, eres el único que sigue viviendo con tus padres).

4. Lidiar con la emoción secundaria

Hay asuntos que pueden ser resueltos, y aquellos que están más allá de su control. Si tu ira proviene de algo que puede ser cambiado o mejorado, trabaja en ello para poder cerrar ese capítulo de tu vida y seguir adelante.

Si su ira es causada por una emoción secundaria, como el miedo, la culpa o la ansiedad, debe encontrar una manera de expresar este sentimiento de forma saludable.

Cuando entiendas de qué se trata tu ira, será mucho más fácil encontrar una manera de lidiar con ella. Aunque averiguar qué es lo que te hace enojar no hará que la ira desaparezca, al menos te ayudará a mantenerla bajo control.

La ira es una emoción muy poderosa. El truco es usar su energía como combustible para motivarse a mejorar su vida y llegar a donde quiere estar.

Alimento para el pensamiento:

Piensa en un momento en el que estabas muy enfadado. Intenta recordar cómo te sentiste, cómo te viste y cómo te comportaste en ese momento. ¿Crees que tu reacción fue justificada? ¿Cómo reaccionarías en la misma situación hoy?

Enumera tres cosas que te hacen enfadar más. ¿Por qué?

¿Cómo reaccionas cuando presencias un arrebato de ira en público? ¿Finge no ver ni oír nada? ¿Intenta alejarse lo más rápido posible? ¿O intentas averiguar qué está pasando?

5. Tipos de ira

"No me gusta que nadie se enfade conmigo. Prefiero tener amigos" B. B. King

1. Enojo por comportamiento

La ira de comportamiento es lo opuesto al primer tipo de ira mencionado (ira asertiva). Se expresa físicamente y suele ser agresiva, lo que a la larga puede registrar violencia y destrucción a diferencia de la "ira asertiva". Si has experimentado este tipo, hay más posibilidades de que te sientas tan abrumado por tus emociones hasta el punto de arremeter contra el objeto de tu ira. Esto puede implicar la posibilidad de atacar físicamente o causar lesiones a alguien o de romper o tirar cosas.

Para superar, o mejor dicho, ser capaz de manejar una ira de comportamiento, debe aprender a retrasar sus reacciones ante cualquier sentimiento de agitación. Un filósofo dijo una vez, "El mayor remedio para la ira es el retraso" - Thomas Paine. Una vez que puedas aprender a retrasar tus reacciones durante los momentos de ira, registrarás una gran diferencia. Además, auto-calmarse también le ayudará a recuperar su emoción, por ejemplo, "James, tómalo con calma. No tienes por qué estar enfadado".

2. Enojo crónico

Se dice que la ira crónica es una muestra continua de hostilidad hacia uno mismo o hacia otras personas o que se enfrenta a la frustración en determinadas circunstancias. En otras palabras, la ira también se convierte en crónica cuando se mantiene durante un largo período y es difícil llegar a la raíz de la misma. Los síntomas de una ira crónica son los siguientes: irritación habitual u odio prolongado, que dura más de un mes o así: siempre buscando por qué enfadarse: siempre sintiéndose agotado después de un ataque de ira. Cuando la ira crónica es prolongada puede tener efectos adversos en la salud y el bienestar.

Para alguien con ira severa, aprenda a abordar los pensamientos que conducen a la emoción de la ira y encuentre un medio para frenar las acciones físicas que vienen a través de los pensamientos. Esto puede suceder poniendo pensamientos más positivos y útiles en lugar de los negativos. También puedes ser capaz de resolver el conflicto interno que estás experimentando perdonándote a ti mismo y a los demás por las transgresiones del pasado.

3. Enojo de juicio

Se dice que las personas con el tipo de ira crítica son celosas, o mejor aún, aquellos que tienen la sensación de baja autoestima tratan de apagar el fuego de su ira haciendo caer a los demás. Mientras lo hacen, se sienten mejor, aliviados o felices porque han logrado degradar a la persona y llevarla a una posición más baja que la suya, por lo que se sienten mejor. Por ejemplo, un hombre pobre puede desarrollar una ira crítica hacia su vecino rico y empezar a decirle a la gente que su vecino rico no sólo era normalmente rico por su diligencia en el trabajo, sino, como resultado de medios fraudulentos. Una cosa acerca de la ira crítica es que, el relato que ellos hacen puede ser inválido o no tener una base veraz.

Para llegar a la posible solución de la ira de juicio es para que usted obtenga valiosos conocimientos de las perspectivas de otras personas entonces, trate de aplicarla a su propia vida personal.

4. Cólera abrumadora

Se dice que esta forma de ira es un tipo descontrolado que surge del sentimiento de desesperanza y frustración, teniendo la sensación de que una situación o circunstancia está fuera de su control o más allá de su capacidad. Las víctimas de la ira abrumada se sienten desesperadas o frustradas cuando tienen demasiadas responsabilidades que las agobian. Si se enfrentan a alguna dificultad en dicha responsabilidad, concluyen que no son capaces de asumir el reto y, como resultado, tiran la toalla.

La mayoría de las personas descargan su ira en cualquiera que se les cruce al asumir la tarea. Muchas familias se han roto hoy en día como resultado del hecho de que, ya sea la esposa o el esposo no pueden controlar o manejar su ira abrumada. Laurence J. Peter dijo, y cito, "habla cuando estés enfadado - y harás el mejor discurso del que te puedas arrepentir". Un ejemplo es el estudio de un caso de una mujer que estaba agobiada por un montón de trabajo de oficina porque antes se había tomado un tiempo libre para visitar a su madre que estaba enferma, al llegar al trabajo, reanudó con toneladas de deberes que atender como secretaria. El marido, que acostumbraba a llamar a su mujer para preguntarle cómo iba el trabajo cada día, llamó a su mujer, pero ésta sólo le dijo con dureza que estaba ocupada, y en poco tiempo colgó la llamada. El marido se sorprendió y se quedó atónito. "Esto nunca había sucedido antes, a pesar de que no es su primera vez ocupada en el trabajo", pensó dentro de sí mismo. El marido llegó a casa antes que la esposa. Esto también era inusual. Sólo se sorprendió y entendió lo ocupada que estaba su esposa, entonces, fue a la cocina y preparó lo que su esposa comería cuando regresara. Creció más de lo que el marido esperaba y aún así, no había recibido ninguna llamada de su esposa, y pensó en llamarla de nuevo. La mujer cogió la llamada y sin saludar, respondió frustrada, "Le dije que estaba ocupada, ¿podría dejar de molestarme?" Ella estaba haciendo que se colgara la llamada de nuevo cuando el marido, aunque sorprendido y desconcertado se encargó de calmarla, "¿Sabes siquiera qué hora es? Son las ocho y cuarenta minutos. Lo que sea que tengas que hacer, tráelo a casa y podrás hacer lo que quieras, no fuera de tu propia casa". Fue esto lo que la esposa escuchó que la hizo darse cuenta y se apresuró a suplicarle a su marido.

En este caso, si la esposa hubiera informado antes a su marido, él le habría aconsejado que se tomara las cosas con calma y que completara su tarea en casa, ya que él era un marido comprensivo. Esto demuestra, por tanto, lo importante y crucial que es para cualquiera que esté experimentando una ira abrumadora buscar ayuda o consejo o, mejor aún, hacer saber a su familia, amigos o colegas profesionales que necesita su ayuda y apoyo. Esta es una de las razones por las que los tienes a tu alrededor. No se sobrepase con las responsabilidades y al final, descargue su ira en aquellos que no la merecen. Cuando consiga aliviar las fuentes de estrés, tendrá el control sobre su comportamiento y sus emociones.

5. Pasivo-Agresivo

Las personas con ira pasivo-agresiva tienden a mostrar su ira mediante el uso del sarcasmo o la burla, y al hacerlo, evitan el conflicto y las confrontaciones con la persona con la que están enojados. Este tipo de ira se denota cuando alguien está enfadado con otra persona, pero no quiere decir que lo está o hablar de ello. Cuando la víctima u otra persona pregunta después de notar las actitudes pasivo-agresivas u hostiles sobre lo que sucede o sobre el asunto, la persona enojada sólo concluye ocultando la verdad para evitar conversaciones sobre el tema. Sólo dicen: "No pasa nada". El que adopta la ira pasiva tiene la sensación de victoria por el hecho de que, la otra persona no sabe cuál es la causa de tal reacción. La agresión pasiva se ha vuelto más común en los últimos años, a veces en las relaciones.

Es aconsejable que las personas pasivo-agresivas aprendan técnicas de comunicación asertiva (La ira asertiva es un tipo de ira constructiva y un motivador efectivo que te motiva a hacer lo correcto). Por lo tanto, es digno de admonición utilizar la ira asertiva para superar su miedo, abordar la injusticia y lograr los resultados deseados en la vida. Si desarrollan su capacidad de articular sus frustraciones, exploran sus confrontaciones a través de los escenarios del "¿y sí?" y se enfrentan con confianza a una serie de miedos, es más probable que consigan que se satisfagan sus necesidades tanto en las relaciones personales como en las profesionales.

6. Ira de represalia.

Se dice que la ira de represalia es un tipo de ira motivada por la venganza por un error percibido. Se produce por la sensación de no querer buscar una solución, pero, que la otra persona sufra la misma sensación que tú tienes, cuando fuiste agraviado. Por lo tanto, tienes la intención de pagar a la persona con la misma gravedad del mal o menos, sólo para asegurarte de que la persona sepa cómo te sentiste cuando fuiste agraviado. Normalmente es una respuesta a ser confrontado o atacado por alguien. Un tipo de ira de represalia es también uno de los tipos comunes de ira que refleja la emoción de un individuo hacia un mal. La ira de represalia puede ser deliberada y en la mayoría de los casos intimida a otras personas demostrando dominio sobre una situación, sin embargo, puede servir sólo para intensificar las tensiones.

No importa la gravedad del error cometido por la otra parte en su contra, aprenda a detenerse y a pensar en ello antes de actuar. Si lo haces, te ayudará a calmarte. Además, tomar represalias no significa realmente que la persona que te ha hecho daño se corrija, ni que tu venganza mejore la situación, sino que puede empeorar las relaciones. Hay ciertas consecuencias de la venganza, cualquiera que sea, elegir difundir el conflicto inmediatamente evitaría cualquier consecuencia.

7. Enojo auto-abusivo

Este tipo de ira se conoce también como "ira auto infligida", porque las personas utilizan este tipo de ira para castigarse por cualquier mal que sienten que han cometido. Además, puede que no hayan hecho nada malo, pero normalmente tienen la sensación de que lo han hecho, por lo que expresan su ira sobre sí mismos. Para expresar una ira auto-abusiva, pueden hacerlo cortándose con cualquier cosa afilada, matándose de hambre, negándose a sí mismos con el sueño y muchos otros medios auto-abusivos. En la mayoría de los casos, o más bien, por desgracia, quien experimenta una ira auto abusiva puede llegar a castigarse a sí mismo y aún así no tener la sensación de haberse castigado lo suficiente; no se satisface. Esto es el resultado de arrepentimientos dolorosos. Un amigo mío de la escuela es un vívido ejemplo de personas con "ira auto-abusiva". Había una vez durante nuestro penúltimo examen en la escuela cuando nos preparábamos para uno de nuestros exámenes, "Eng. 326 - Fonología del Inglés" precisamente, como estudiantes de lengua inglesa y estudios literarios. Sucedió que, un material para el curso fue dado a la clase para facilitar nuestra lectura en preparación para el examen. Ambos recibimos nuestras copias del material. Yo leí el mío dos semanas antes del examen sólo para obtener la comprensión básica de lo que se trata el material, y descubrí que, hay algunos sonidos que se necesitan para ser dominados y entendidos por el bien de la aplicación durante el examen. Pero mi amigo, por otro lado, concluyó que no le será difícil entender ni siquiera a dos días del examen. Me preguntaba si yo era un tonto por no haber concluido como él. He aquí que faltaban dos días para el examen. Habíamos tenido un examen por la mañana y todos estaban cansados, así que no nos pareció fácil leer el "todopoderoso examen de fonología". Descansamos lo suficiente y nos despertamos a medianoche para leer. No me llevó mucho tiempo dominar los sonidos, como ya lo había entendido desde mi primera lectura. Pero mi amigo, por otro lado, no entendió nada. Me sorprendió oírle llover insultos sobre sí mismo que, es un aburrido. Entonces le pregunté cuál era la razón. Entonces dijo que no le resultaba fácil comprender el material que había dicho antes que sería fácil. Se lamentó y lamentó su anterior demora, diciendo, "si lo hubiera sabido, habría leído el material el día que me lo dijo, entonces, podría haber sabido que era difícil de comprender y como resultado, dedicar más tiempo a estudiarlo". Entonces le dije que se calmara y que no se preocupara, que le explicaría. Al principio parecía aliviado. Le expliqué, pero por el hecho de que, había alimentado un poco de miedo en él, no lo entendía. Fue entonces cuando se pinchó en la mano con su bolígrafo hasta que le salió sangre. Tuve que arrebatarle el bolígrafo y le rogué que se calmara. Le expliqué de una manera más sencilla, y él suspiró profundamente y me dio las gracias. Me pregunté qué daño se habría hecho a sí mismo más allá de pincharse con la pluma si yo no estuviera allí.

Para manejar la ira auto-abusiva, aprende a hacer lo correcto en el momento justo. Creo que el "arrepentimiento" es la razón por la que la gente se auto abusa más. Si mi amigo hubiera hecho lo correcto en el momento adecuado, se habría ahorrado pincharse. Apuesto a que puedo señalarle la cicatriz cuando nos veamos, y no lo hará, pero me agradece que estuviera allí esa noche. Además, es mejor aprender sobre las técnicas de re encuadre cognitivo y usarlas cuando llegue el momento de desafiar cualquier pensamiento o sentimiento autodestructivo que pueda llevarte a una ira auto-abusiva.

8. Enojo verbal

Se dice que la ira verbal es una reacción que tiene que ver con el uso de abuso verbal que viene en forma de insultos, ridículo, amenazas, críticas, gritos furiosos, culpas, u otras formas de abuso verbal que tiene como objetivo herir o hacer que el objetivo de la ira de uno baje emocional y psicológicamente. Quien expresa una ira verbal lo hace con la intención de hacer que el objetivo se arrepienta, y también para bajar la autoestima o la fuerza de voluntad del objetivo, porque la elección de las palabras empleadas en cualquier ira verbal es siempre emotiva. La ira verbal puede resultar en muchas cosas; peleas, una relación rota, arrepentimientos y muchos más resultados.

Para reprimir o controlar la ira verbal, aprenda a respirar profundamente cuando esté enfadado y tenga la sensación de que, para superar su ira, necesita hablar. Cuando haces el ejercicio de respiración, te habrías calmado y retrasado el impulso de enojo que te habría hecho arremeter contra tu objetivo. Aunque digas algo, te dolerá menos, y te ahorrará las consecuencias de la ira verbal. Tenga en cuenta que, para superar la ira verbal, debe practicar constantemente el calmarse a sí mismo antes de soltar la primera respuesta de enojo cada vez que sienta el impulso.

9. Cólera volátil

La ira volátil, como su nombre indica, significa "ser potencialmente violento o enojarse rápidamente", según el diccionario. Las personas con ira volátil son de temperamento corto, ya que su ira parece salir de la nada; se enojan con cualquier cosa o persona por poca o ninguna razón. Curiosamente, la mayoría de las personas con ira volátil a menudo se calman tan rápido como han expresado su ira. Predecir la ira de las personas con ira volátil es difícil, y como las personas saben esto, tratan de desviar el camino de una persona volátil para no desencadenar su ira.

Para manejar una ira volátil debes estudiarte a ti mismo, anotar los signos y síntomas que preceden a tu arrebato de ira, hacer una lista de ellos y clasificarlos en consecuencia. Clasifique los que podrían ser resueltos personalmente, y los que podrían ser resueltos por aquellos cercanos a usted, o aquellos que usted sabe específicamente que son los que causan su enojo. Para los que puedas resolver por ti mismo, haz lo necesario. Aquí, la estrategia de Gestión de la ira verbal podría hacerte mucho bien. Aprende a hacer ejercicios de respiración, te ayudará a frenar tu ira fuera de control. Si es posible, también puede ayudarse a sí mismo a manejar su ira alejándose del lugar de la ira, justo antes de su arrebato. Hay un dicho que dice, "lo que se advierte es lo que se prepara"; puedes controlar tu ira volátil advirtiendo a aquellos que sabes que pueden hacerte enojar fácilmente.

6.Autodisciplina para controlar la ira

"Respeta tus esfuerzos, respétate a ti mismo. El respeto a sí mismo lleva a la autodisciplina. Cuando tienes ambos firmemente bajo tu cinturón, eso es el verdadero poder. " Clint Eastwood

La autodisciplina es la capacidad de un individuo de controlar sus emociones, sentimientos y cualquier cosa que pueda afectarle emocionalmente. En otras palabras, un hombre puede controlar su afecto. Obtener una habilidad es la puerta al éxito porque sin dominar este principio, la gente no puede dominar al resto, y él o ella no puede progresar en ninguna área de la vida luchando por el éxito.

Así como es una necesidad para un individuo que quiere alcanzar la grandeza en la vida, también lo es para una nación. Ninguna nación puede llegar a ser grande con una dura disciplina. Algunas de las ramas de la disciplina son la corrupción y la decadencia. Un caballo que no se domestica tampoco es decorado y adecuado para ser montado por reyes y príncipes. La autodisciplina no puede ser impuesta por un cuerpo externo, sino por ti. En general, no es un principio natural para dominar, ya que los humanos se resisten naturalmente a cualquier forma de cambio. También son productos naturales de sus hábitos. Nadie puede normalmente continuar con lo que ha hecho en el pasado y luego esperar que ocurran diferentes cambios en su vida porque es el pensamiento y el discurso habitual de un hombre lo que determina lo que se manifiesta en su vida. Por ejemplo, un estudiante que ha fracasado en el trabajo académico debido a los malos hábitos de aprendizaje debe cambiar ese hábito si quiere tener éxito.

Como su nombre indica, la autodisciplina significa decir no a los hábitos que sinceramente quieres cambiar en tu vida. La mente es superior a la materia, por lo que necesitas poder mental para desarrollar una voluntad lo suficientemente fuerte para suprimir y resistir el poder de las tendencias negativas en ti. Cada acción comienza como una semilla de pensamiento en tu mente, por lo que nadie puede disciplinarse con éxito sin ser capaz de cortar o detener cualquier pensamiento sobre acciones no deseadas una vez que surgen en la mente.

La mayoría de las personas que han tenido éxito en los primeros años de vida son personas que han sido guiadas por mentores para dominar este principio de autodisciplina o, por supuesto, han tenido esta habilidad. Cabe señalar en este punto que las personas que logran llegar a la cima de sus carreras sin tener en cuenta el desarrollo de este rasgo generalmente caen de un alto nivel profesional porque actúan de manera irresponsable. No son independientes de la disciplina. No es demasiado tarde para decirle a su cuerpo que es responsable. Simplemente escribe una lista de los hábitos que quieres cambiar en tu vida y di un NO definitivo cada vez que tu mente te sugiera hacer estas cosas. De esta manera, comienzas un nuevo hábito. Esto eventualmente reemplazará a los viejos de los que quieres deshacerte. ¡El momento de empezar es ahora!

Imagine que va al escenario y hace las cosas difíciles de la vida con el piloto automático. ¿Qué tan bueno sería eso? Se necesita perseverancia para llegar a esta etapa. La mente hace algunas cosas extrañas que afectan a nuestro proceso de toma de decisiones. El sistema de ventas de Sandler llama a todas estas cosas negativas que flotan en nuestras cabezas, "Basura de la cabeza". ¿Qué tan cierto es eso? La industria de la auto-mejora está llena de archivos, CDs y sitios web de apoyo en línea para algunos de los nombres más prestigiosos de la industria. Todo este apoyo tiene como objetivo proporcionar un suministro infinito de personas que quieren mejorar sus vidas. Diablos, he apoyado el negocio por décadas. Me encanta hasta el punto de que ahora estoy escribiendo sobre mis experiencias y las cosas que aprendí en el camino. A pesar del éxito que he tenido, sigo buscando formas de mejorar. ¿Qué tiene que ver todo esto con la autodisciplina? Todo.

La autodisciplina no significa que seas una persona molesta. No significa que hayas planeado tu vida minuto a minuto. Si tienes autodisciplina, tiendes a hacer cosas difíciles primero. Esto te da tiempo para ser espontáneo. Más importante aún, basado en tus objetivos generales, decide qué hacer en tu tiempo libre. Creo que es verdad.

¿Cómo alcanzamos o mejoramos nuestra autodisciplina? Aquí hay algunos consejos que me han funcionado.

El primer paso es escribir algunas metas que te carguen emocionalmente. Creo que si tienes metas que te hacen sentir bien, el apego emocional te llevará al éxito. El éxito es inminente si te apasiona lo que quieres.

El segundo paso es escribir en tu diario si quieres trabajar hacia estas metas. Sí. Haga una cita con usted mismo. Esto te da una razón para decir que no si se añade algo más. Simplemente dicen que estoy trabajando en un proyecto que necesita mi atención. Imagina lo liberador que es cuando tienes un compromiso tan fuerte. El éxito está ahora en tus manos.

El tercer paso es encontrar un compañero responsable. Esto requerirá un esfuerzo de su parte pero reforzará los pasos uno y dos. Un compañero responsable es alguien con quien compartes tus objetivos. Yo personalmente tengo uno. Tenemos una cita a la misma hora cada semana y discutimos nuestro progreso hacia nuestros objetivos. ¿Cómo se siente al decirle a su pareja responsable que no ha trabajado para lograr su objetivo esta semana? Exactamente. Se siente horrible. He aprendido por experiencia que es crucial tener a la persona adecuada como socio responsable. Alguien que sólo es una animadora no lo hará. Tu pareja responsable también debe tener objetivos realistas. Ustedes dos tienen cosas importantes en juego. Trabaja

La autodisciplina da control a su proceso de toma de decisiones. La autodisciplina eliminará algunas de las segundas suposiciones de que todos somos culpables. La autodisciplina te ayuda a concentrarte en lo que quieres lograr. Tener control sobre nuestras emociones y trabajar hacia lo que nos hace felices es algo bueno para todos nosotros. El trabajo también puede ser divertido si el resultado final te trae tanta felicidad y alegría.

Para desarrollar la autodisciplina, debes enfrentar tus miedos y tratar de evitarlos. Todos tenemos un tipo de miedo que nos impide hacer lo que realmente queremos. Por ejemplo, el miedo al fracaso, realmente quieres hacer algo, pero tienes miedo al fracaso y a ser humillado. Así que, al final, no lo haces. La verdad es que tu yo negativo asume que vas a fracasar. En lugar de dejar que tu yo negativo tome el control de tu vida, escucha a tu yo positivo que dice, "¡Oye! Ni siquiera lo he intentado. Tal vez tenga éxito si realmente hago lo mejor que puedo".

Mi mantra en la vida es: sólo vivirás este momento una vez, ¿por qué lo desperdicias pensando negativamente y temiendo cosas que no existen? En vez de eso, haz lo que realmente quieres y haz lo mejor que puedas sin preocuparte por lo que pasará y lo que pensarán los demás. Es tu vida; tus propias opiniones deben preceder a las de los demás.

No hay una forma completa de desarrollar la autodisciplina, sino creer en uno mismo y ser positivo. Diga esto todas las mañanas. "Pase lo que pase, pensaré positivamente, y seré feliz y viviré mi vida al máximo."

Las oportunidades de aprendizaje de la autodisciplina tienen muchas ventajas. Puede ayudarte a tener éxito en el trabajo, alcanzar metas personales, e influir en la forma en que vives tu vida en general. Muchas personas tienen cosas que les gustaría lograr, pero no son lo suficientemente disciplinados para hacerlas. Varias técnicas pueden ayudarte a lograr la máxima autodisciplina.

Puede sonar extraño, pero empezar un nuevo programa como el karate o tomar una clase de yoga puede ayudar a mejorar la autodisciplina. La paciencia y el tiempo que se necesita para hacer yoga y aprender las posturas aumentan las habilidades de autodisciplina que pueden ser transferidas a otros aspectos de la vida. Y las habilidades disciplinarias que aprendiste en las lecciones de karate también pueden afectar tu pensamiento.

La autodisciplina también incluye la creación de planes de trabajo. Por ejemplo, si te fijas algunas metas a corto y largo plazo, puedes mantenerte concentrado y alcanzar tus objetivos porque los fijas visualmente. Los planes también deben incluir pasos para lograrlos. Tome nota de las fuentes externas que pueden ser útiles si es necesario. Por ejemplo, si decide perder peso, puede escribir los pasos que incluyen las fuentes a las que puede acceder, como B. un grupo de apoyo o un entrenador físico.

Mantenerse lo suficientemente disciplinado para lograr los objetivos también puede requerir algunas recompensas. Las recompensas funcionan para los niños, ¡así que no hay razón para no funcionar para los adultos también! No hay nada malo en recompensarnos por las cosas que hacemos. Por ejemplo, si dejas de limpiar tu casa, haz un pacto contigo mismo para consentirte con un helado o una nueva prenda después de que el proceso se haya completado. Puede sonar tonto, pero a veces recompensa el trabajo y puede ayudarte a conseguir algo o comprar algo nuevo. ¡Puedes decirte a ti mismo que no compraría este abrigo de cuero si no hubiera pintado finalmente la cubierta! Golpear la parte de atrás es excelente para mantener la disciplina en futuros proyectos.

Mantenerse organizado y aprender a organizarse son elementos vitales para mantenerse disciplinado. En el trabajo, no es beneficioso ser desorganizado. Las personas organizadas son más propensas a recibir ascensos y a mantenerse al día con sus colegas y superiores. Si es necesario, compre una buena agenda, nuevos calendarios, blocs de papel y nuevos bolígrafos. Para organizarse, hay que tomar muchas notas, escribir todo, enviar las cosas rápidamente, y mantenerse al día en los proyectos. Mantener los registros, los papeles y el escritorio limpios te ayuda a mantenerte organizado.

Las habilidades de Gestión del tiempo son importantes para mantener la disciplina. Lo peor que puedes hacer es prepararte para el fracaso. No te digas a ti mismo que puedes completar un proyecto en una hora si no puedes, o no digas que puedes pintar tu casa en un fin de semana si no puedes. Porque si no se cumplen los plazos, puedes sentir que te estás abandonando. Y eso podría obstaculizar tus planes futuros porque no tienes la confianza para implementarlos. En su lugar, planifica realmente tus proyectos y proporciona programas cortos y paso a paso. Por ejemplo, podría decir que quieres pintar la cocina en un día y luego dos días en la sala de estar. Si eliminas tus proyectos de pintura, lograrás tus objetivos y te adherirás a una tarea que es una forma segura de mantenerte motivado y disciplinado para completar el proyecto.

La autodisciplina parece ser lo que todos los demás tienen. Pocos tienen la suerte de estar tan motivados que la autodisciplina no es necesaria. La autodisciplina es la capacidad de hacer algo que no se siente como hacer. Todos tenemos un suministro limitado, pero con el tiempo podemos expandir nuestra autodisciplina. Se ha descubierto que las personas con un alto nivel de autodisciplina se sienten mejor que las personas con un bajo nivel de autodisciplina. Se cree que esto se debe a la disminución de los conflictos internos. Los que tienen menos autodisciplina siempre tienen dificultad para tomar decisiones entre objetivos en conflicto. Los que tienen más autodisciplina toman decisiones más racionalmente y mucho más rápido. Aumenta su capacidad de disciplinarse a sí mismo:

1. El éxito sin disciplina es un mito. Las personas exitosas parecen tener diez veces más habilidades que otros, pero las personas exitosas trabajan muy duro para tener éxito. La capacidad de manejar sus pensamientos y acciones desarrolla el éxito. El trabajo duro requiere disciplina porque generalmente no es divertido.

2. No esperes hasta que te sientas motivado para actuar. Con todo el tipo de entretenimiento y perturbación en casa que tenemos disponible, es razonable asumir que debemos estar inspirados para hacer las cosas que deben ser logradas.

La calidad de vida y la comodidad a menudo entran en conflicto. La autodisciplina puede utilizarse para participar en actividades que no son agradables. Entonces, ¿disfrutaría de una alta calidad de vida?

3. Aprende a hacer los deberes. Deja que el final se convierta en tu código. Conviértete en un finalizador. Persevera hasta el final, sin importar la tarea. La cesta de la vajilla está llena, ¿pero hay más platos que lavar? Haz espacio y hazlo. Cuando empiezas algo, lo terminas.

4. Haz lo más difícil primero. Tu autodisciplina está en pleno apogeo al comienzo del día. Elimina este complicado asunto de tu lista de tareas tan pronto como sea posible.

5. Aprende a lidiar con el dolor. ¿Sientes la necesidad de ir a la cocina para darte un gusto? Deja que espere otros 30 minutos. Si se siente incómodo, quédese con él un poco más. Enséñese a sí mismo que su angustia es sólo un sentimiento basado en cosas con las que no se siente cómodo. No tienes que rendirte.

6. Tómese un tiempo para divertirse. Esta es la mejor manera de llenar tu autodisciplina. El estrés, el apetito y la fatiga afectan su capacidad de ejercer la autodisciplina. Por lo tanto, coma bien y duerma toda la noche. Participe en actividades agradables.

7. Conozca su resultado. Ya sea que el resultado sea una entrada con pala, un nuevo bote de pesca o una novela terminada, usted sabe el resultado preferido. La autodisciplina se hace más fácil si puedes mantener una perspectiva a largo plazo.

8. Desarrollar hábitos. Al desarrollar una práctica de aspirar la sala de estar cada miércoles, se elimina la necesidad de disciplina. Los métodos son poderosos. Siéntese en el piloto automático y utilice la potencia de los ejercicios a su favor.

9. Medita. Los estudios han demostrado que la mediación ayuda a la parte del cerebro responsable de la autodisciplina.

10. Utilice las afirmaciones. Cuando sienta que su fuerza de voluntad se está debilitando, recite afirmaciones positivas. Concéntrese en algo barato mientras hace su trabajo.

11. Tome descansos regulares. Si establece un horario demasiado agresivo, su autodisciplina se verá rápidamente comprometida. Ofrezca descansos frecuentes para mantenerse alerta y fresco.

7.Consigue la libertad y evita enfadarte sin motivo.

"La única manera de lidiar con un mundo no libre es volverse tan absolutamente libre que tu misma existencia sea un acto de rebelión. "Albert Camus

Para lograr su libertad debe saber que el proceso de salir de su cabeza y mantenerse alejado de la preocupación y la ira puede ser una tarea estresante y difícil, pero es seguro decir que no es imposible. Para alguien que quiere una vida lejos de los arrepentimientos y la depresión, una de las mejores cosas que puede hacer es encontrar una solución duradera a sus problemas preocupantes.

A continuación se presentan los consejos que puedes empezar a usar de inmediato para ayudar a mantenerte alejado de la ira.

1. Crear un plan

Como alguien que quiere hacer algo significativo de su vida, una cosa es segura, y es el hecho de que cuando uno se llena con el pensamiento de los fracasos y desafíos del pasado, lo único que puede hacer es encontrar una solución a menos que se quede en el mismo lugar pensando en el problema. Ya que quieres una solución, ya que no quieres que estos problemas se repitan, lo único lógico es encontrar una solución y cómo encontrar una solución, creando un plan. Consigue un bolígrafo y un papel y crea pasos prácticos y lógicos para encontrar una solución a tus problemas.

Haciendo esto, se habría logrado desviar parte del tiempo que se habría utilizado inicialmente para preocuparse por encontrar una solución al problema. Este plan debe ser un plan práctico, sobre el que se puedan tomar medidas lo antes posible.

2. Lleve a cabo su plan inmediatamente

Lo que pasa con la creación de planes, no importa lo realistas que sean, es que si no los sigues inmediatamente, descubres que los olvidas casi inmediatamente. Tienes que tomar una acción inmediata en lugar de posponerla hasta que se convierta más en un deseo que en un plan. El éxito que viene de esta acción liberaría tu mente de todos los pensamientos negativos que tienes desde que ya has tomado medidas correctivas.

3. Abrazar las distracciones

Para lograr su libertad uno requiere concentrarse en sus problemas, y para salir realmente del desafío, es necesario abrazar las distracciones en algún momento. Una vez que te distraes, te resulta difícil concentrarte. Es muy fácil distraerse en estos días, ya que hay muchos lugares a los que puedes ir si quieres despejar tu mente. Una vez que te dedicas a estas actividades, te encuentras pensando más en la diversión del día y menos en tus problemas.

4. Examine sus objetivos

Cuando tienes metas y aspiraciones, la mayoría de las veces, cuando no se cumplen, tiendes a preocuparte por ellas. Por si sirve de algo, muchas veces pensamos en cómo se sentiría tener una relación perfecta, un buen coche, una esposa, hijos, e incluso el trabajo de tus sueños. Cuando es difícil cumplir muchos de estos sueños, en algún momento empiezas a preguntarte por qué las cosas son difíciles de lograr, por qué las cosas no han salido como querías incluso con toda la diligencia que has mostrado, créeme, es natural.

Una cosa que tienes que hacer es examinar tus objetivos y empezar a reflexionar si son realistas o no. Asegúrate de etiquetar tus objetivos y comprueba los que sabes que son posibles de alcanzar. Esto te ahorrará el estrés de pensar en cosas que no son realistas, dándote la oportunidad de reflexionar sobre las cosas que son alcanzables.

5. Examina tus pensamientos:

Nos enojamos cuando pensamos en ciertos fracasos, y al hacerlo, tendemos a sentirnos responsables de los fracasos y a cuestionar algunos de los pasos que hemos dado. Tus pensamientos te hacen cuestionar por qué has dado ciertos pasos, por qué has tomado algunas decisiones que han causado fracasos, y te encuentras dudando de ti mismo todos los días.

Tienes que asegurarte de desafiar esos pensamientos, no dando excusas por tus inacciones o fracasos, sino diciéndote a ti mismo por qué esto es un paso para sacar el máximo provecho de tu vida. Cada vez que sondeas o cuestionas tus pensamientos, te liberas de las cadenas de la rumia continua.

6. Mejora tu autoestima

Uno de los principales factores de preocupación es la baja autoestima. El sentimiento de baja autoestima siempre nos deja con la idea de por qué la gente no nos quiere tanto como debería. La baja autoestima nos hace preguntarnos si valemos algo para alguien, y la idea de esto a veces es poco saludable y a menudo lleva a una preocupación aguda.

Cuando piensas menos en ti mismo y crees que los demás piensan lo mismo de ti, tiendes a preocuparte por ese factor. Puedes aumentar o mejorar tu autoestima simplemente entendiendo que tienes dones y fortalezas, y una vez que puedas dominar esos dones y fortalezas, comenzarás a pensar más en ti mismo y te preocuparás menos por lo que la gente piense de ti. De esta manera, has aumentado y mejorado tu autoestima, y también te encuentras preocupándote y obteniendo menos porque tu mente ha cambiado de algunos de esos pensamientos innecesarios.

7. Identifica tus desencadenantes

Una de las cosas más importantes cuando te encuentras enojado es identificar lo que podría estar causando que te sientas así. Tu enojo puede ser provocado por un sinfín de cosas, incluyendo tu ubicación, tus amigos, tu situación financiera, e incluso tu relación. Encárgate de identificar los desencadenantes negativos que podrían desencadenar fácilmente algunas de tus experiencias negativas y utiliza algunas de las otras tácticas, como aceptar las distracciones para que sean menos problemáticas.

8. Tómese un tiempo para meditar

El arte de la meditación requiere que despejes tu mente, y en esta etapa, despejas tus emociones así como todos los factores de estrés mental que llevan al disgusto y al descontento. Siempre que meditas, descubres que limpias tu mente de pensamientos innecesarios que no ayudan a tu causa. La meditación puede ser una buena herramienta para ayudar a combatir las recaídas mientras estás sentado en un lugar tranquilo, sin pensar en nada más que en tu respiración.

9. Busca compañía

La preocupación y la ira suelen producirse en una posición de aislamiento y soledad, y si se encuentra preocupado o enfadado la mayor parte del tiempo cuando está solo, una buena solución es reducir la cantidad de tiempo que está solo, lo suficiente para ayudarle a combatir su problema con la preocupación. Incluso puedes contarles a tus amigos el problema, y los encontrarás ayudándote a combatirlo, especialmente cuando intentes volver al círculo vicioso de la ira por asuntos que te preocupan y que nunca te ayudarían a resolver.

10. Busca la ayuda de un profesional

Por si sirve de algo, esto es como la última cosa que cualquiera puede hacer, especialmente si encuentras que nada parece sacarte de la situación en la que estás enfadado a menudo. Busca la ayuda de un terapeuta profesional que te dé una opinión profesional sobre lo que ellos creen que debería ser el mejor paso a seguir.

8.Enojado con el mundo

"Si te bajas y peleas todos los días, le dices oraciones al diablo, yo digo

"Bob Marley

La forma en que usted reacciona a la ira depende de muchas cosas, incluyendo su edad, sexo y circunstancias. Sin embargo, la definición de la ira, y especialmente de lo que justifica el comportamiento enojado, se basa en gran medida en la cultura de la que uno proviene. En algunas culturas, expresar sus emociones -en particular la ira- puede considerarse muy maleducado, otras culturas alientan a las personas a demostrar abiertamente cómo se sienten con respecto a algo. Así, mientras que muchos pueden considerar a los orientales como pétreos y sin emociones, para los asiáticos, los occidentales probablemente parecen muy groseros.

Normas nacionales y emociones de las diferentes culturas del mundo.

La ira tiene muchas definiciones, causas y posibles salidas. A menudo se asocia con sentimientos heridos, frustración y un deseo de justicia o venganza. Sin embargo, como las culturas tienen diferentes actitudes hacia la ira, las normas locales alentarán o frenarán las manifestaciones de ira en público.

Estudios comparativos sobre la forma de criar a los niños muestran que en China (así como en todo el Lejano Oriente) la demostración de emociones se frena en los niños desde una edad temprana. Los berrinches son generalmente ignorados, y los niños son dejados para que lloren hasta que se hayan calmado. Considerando sus valores culturales, esto es necesario para que un niño desarrolle un comportamiento socialmente aceptable.

En muchas culturas orientales, como la china, la japonesa y la tailandesa, el tema del peligro es algo que no suele discutirse, especialmente en público. Los niños son desalentados a mencionarlo, por ejemplo, se quejan de algo, o son castigados si lo hacen.

En la nación occidental, sin embargo, los padres suelen preocuparse por sus hijos, especialmente durante sus ataques de ira.

Las normas nacionales también influyen en la cantidad de ira que se considera normal para un hombre y en la cantidad que se considera normal para una mujer. En la mayoría de las sociedades patriarcales, las niñas son criadas para no mostrar abiertamente sus emociones, especialmente las negativas como la ira. Aunque las cosas han cambiado mucho en los últimos 200 años, en Occidente, la exhibición pública de la ira es desalentada en las niñas incluso hoy en día.

Por otro lado, se esperaba que los chicos, de alguna manera, mostraran un cierto grado de asertividad (a menudo manifestado como un comportamiento enojado o agresivo). Si no lo hacían, se creía que no tenían la confianza necesaria para tener éxito en la vida.

Sin embargo, en la mayoría de las culturas, la ira de los chicos se tolera mucho más que la de las chicas, incluso cuando conduce a un comportamiento agresivo - se cree que el odio es lo que los distingue de las características femeninas de ser amables, callados y perdonadores.

A pesar de que en Occidente se desalienta y se sanciona la ira, especialmente si conduce a la agresión, todavía hay un nivel desproporcionadamente alto de ira entre los niños. Muchos creen que es la televisión y los juegos de Internet los que están detrás de la mayoría de las conductas malsanas.

Pero incluso los niños muy pequeños parecen mostrar signos de ira y agresividad hacia los demás, como podemos ver con el acoso escolar. Por esta razón, en Occidente, se anima a todo el mundo a hablar de sus problemas de ira para que puedan ser abordados y canalizados a tiempo, especialmente los niños.

Hasta hace relativamente poco tiempo, el estatus social jugaba un papel importante en cuánto se permitía a alguien expresar su ira. En Occidente, se creía en general que las clases bajas mostraban más ira, probablemente porque, debido a su condición socioeconómica, tenían más motivos para estar enojados.

En Japón, sin embargo, eran los de un estatus social más alto los que mostraban más ira, como símbolo de su autoridad. Así pues, aunque la muestra de ira se consideraba en general muy grosera y se sancionaba, sólo se concedía a aquellos que se sentían con derecho a casi todo debido a su estatus social.

Mientras que la mayoría de los ciudadanos estadounidenses no se abstienen de expresar su ira en público, incluso de hacer una escena importante si están enfadados, la gente del Lejano Oriente tiende a evitar el conflicto a toda costa. Independientemente de cómo se sientan realmente, enojados, avergonzados o tristes, sonreirán. Sin embargo, esta "cara feliz" es el resultado de un condicionamiento social de toda la vida y no significa que realmente se sientan felices o relajados.

Las normas culturales dictan lo que está y lo que no está permitido, y sirven como guía para un comportamiento socialmente aceptable. Las culturas occidentales y orientales abordan los problemas de la ira de maneras completamente diferentes. En la cultura occidental, se alienta a las personas a mostrar abiertamente emociones positivas y a manejar el despliegue de las negativas, pero aún así se les permite expresarlas. En las culturas orientales, la gente opta por el "camino del medio" (es decir, el Tao), buscando constantemente un equilibrio entre las emociones positivas y negativas.

Comienzan a inculcar estos valores a sus hijos desde el preescolar, lo que significa que los niños americanos y asiáticos tienen reacciones diferentes a los estímulos visuales. Mientras que en Europa y América los niños prefieren actividades emocionantes, dibujos animados o historietas, en el Lejano Oriente prefieren las emociones tranquilas: sonrisas en lugar de risas, juegos no demasiado competitivos o historias poco emocionantes.

Además, mientras que los padres estadounidenses aprovecharán todas las oportunidades disponibles para aumentar la confianza de sus hijos, los padres chinos son más propensos a restar importancia a los buenos resultados de sus hijos para no inflar su ego.

Por último, los bestsellers de América contienen un contenido mucho más excitante y excitante en comparación con los bestsellers de Asia. Así que, aunque muchos creen que ahora vivimos en una aldea global y que nuestras culturas se están fusionando en una sola, cuando se profundiza un poco más, se hace evidente que las diferencias culturales siguen estando muy presentes, aunque a menudo hábilmente disfrazadas.

9.Luchando contra la ira con atención

"La atención te ayuda a volver a casa al presente. Y cada vez que vas allí y reconoces una condición de felicidad que tienes, la felicidad llega"
Thich Nhat Hanh

La atención es el estado en el que prestas toda tu atención al tema actual. Implica un análisis cuidadoso de la conducta y las emociones sin separarlas en buenas o malas. Tu vida puede pasarte de largo cuando no te concentras en las cosas que importan y sólo te concentras en las cosas generales. Los humanos tienen la tendencia a adelantar lo negativo más que lo positivo. Pero cuando estás atento, puede ayudar a cambiar esta perspectiva para mejor.

Ser consciente es igualmente una gran manera de identificar y controlar las emociones, especialmente las ocultas. Algunas de estas emociones pueden ser un problema fundamental en nuestra carrera y/o vida personal. Estar atento es más bien tratar con las cosas que están en el momento y dejar de lado las que están en el pasado o en el futuro. Por eso es una virtud común en las sesiones de terapia como la meditación. Implica pensar en tu vida actual y encontrar la mejor manera de lidiar con los problemas.

Estar atento tiene varios beneficios, los siguientes son algunos de los más comunes:

- Reduce la rumia dañina.

- Reduce los niveles de estrés.

- Mejora la salud general de la persona.

- Previene la ansiedad.

- Previene la depresión.

- Te ayuda a sobrellevar el rechazo y el aislamiento social.

La conciencia le ayudará a ser consciente de sus condiciones, ya sean físicas o emocionales, sin juzgarse o criticar sus acciones. Puede ayudarte a controlar tus sentimientos negativos cuando se usa apropiadamente.

También puede ayudar a obtener recuerdos positivos cuando sientes que no los hay.

Se necesita una práctica constante para estar totalmente consciente. Sin embargo, esta es una virtud típica de todos los seres humanos y, por lo tanto, es fácil de aprovechar. Las investigaciones también han demostrado que entrenar constantemente el cerebro para estar atento tiene resultados positivos en términos de ajuste de su estructura física.

La atención es innata, pero aún puede ser cultivada a través de varios métodos. A veces puede que no te des cuenta, pero esta virtud ocurre en tu vida. Cuando te alejas y vuelves rápidamente a la realidad que es ahora la consciencia trabajando a tu favor. Aquí hay algunas cosas que debes saber sobre la atención:

- Conduce a la innovación. La atención puede hacerte más efectivo de lo que eres, especialmente con la forma en que el mundo se está volviendo lentamente complejo e incierto.

- Es real. No necesitas una prueba de conejillo de indias o un paso de fe para probar la existencia de esta virtud. Las experiencias personales y la ciencia apoyan la existencia de la conciencia en la vida. Y también, sus beneficios son claramente visibles para que todos los vean.

- Es un arte de vivir. No podemos prescindir de la atención, ya que es una forma de vida. No es sólo una práctica, ya que trae cuidado y conciencia en cada acción humana. También elimina muchas de las preocupaciones y el estrés que pueden surgir de la vida. Todos, por lo tanto, necesitan esta virtud, aunque sea en presencia limitada.

- Es simple y así, cualquiera puede hacerlo. Esta es una práctica que puede pasar fácilmente como universal debido a la simplicidad que tiene. Cualquiera puede ser consciente, sin importar su raza, religión o cualquier otra afiliación. Además, es fácil y sencillo de aprender para cualquiera que esté dispuesto.

- No requiere cambios. A diferencia de otros rasgos y virtudes que necesitan un cambio de carácter o personalidad, la atención no. Puedes ser quien quieras ser y aún así, ser consciente. Los psicólogos argumentan que cualquier solución que imponga un cambio de carácter y personalidad no es una solución, sino un problema. Es por eso que la atención se promueve como una de las mejores virtudes humanas. Cultiva lo mejor de quiénes son las personas sin requerir ningún cambio.

- No es algo extraño. No se sorprenderá al oír que alguien está atento. Es natural y todo el mundo tiene ese rasgo. Sólo te lleva a descubrirlo y desenterrarlo. Por lo tanto, es algo familiar para todos los individuos.

Beneficios de la atención

La conciencia ha sido utilizada durante mucho tiempo por muchos humanos, pero sin mucha atención y énfasis. Aunque es algo innato, la mayoría de la gente no reconoce su presencia en sus vidas. He aquí algunos beneficios de esta virtud en un individuo:

- Mejora la salud. Además de mejorar la salud mental, es una práctica que también puede ayudar en la salud general de una persona. Los psicoterapeutas han resultado ser un refugio para diferentes problemas, la mayoría de los cuales involucran a la mente. Algunos ejemplos de estas afecciones son los trastornos alimentarios, los trastornos de ansiedad, la depresión y el trastorno obsesivo-compulsivo, entre otros. Los científicos, mediante una profunda investigación, han descubierto que la atención plena puede mejorar igualmente la salud física de una persona. Mediante el tratamiento de las enfermedades cardíacas, el estrés, la disminución del dolor crónico y la presión arterial, la atención plena ayuda a la persona a mantenerse en buen estado. También se asocia con el tratamiento de las dificultades gastrointestinales y el insomnio.

- Aumenta el bienestar. El bienestar es una parte crucial de la vida humana. Es más probable que estés satisfecho en la vida si usas la atención. Te ayuda a apoyar diferentes actitudes que mejoran el arte de vivir bien. Cuando estás atento, estás más involucrado en las actividades que haces, lo que te hace mejor. También estarás en mejor posición para lidiar con las eventualidades extremas. Además, será menos probable que tengas arrepentimientos ya que eres consciente de tus acciones actuales.

- Aumenta tu autoestima. La atención te ayudará a tener mejores sentimientos sobre ti mismo y a evitar la autocompasión o incluso la desesperación. Esto se debe al conocimiento que tienes sobre tu estado actual de sentimientos y emociones. Esto puede ayudarte a controlar lo que piensas de ti mismo y cómo ves tu vida en general.

Los expertos que han estudiado la atención, y tienen conocimientos de primera mano sobre el tema, sostienen que puede ayudar a aceptar y tratar sus experiencias. Y estas experiencias incluyen emociones y situaciones hirientes. Te ayudará a reaccionar con un razonamiento agudo en lugar de evitar o evitar el tema. Hay varias maneras de lograr la atención, pero el motivo principal es estar alerta, evitando los pensamientos juiciosos y una mentalidad autodestructiva. Esto se consigue volviendo a centrar la atención en el presente si se ha concentrado en el pasado. Los científicos también dicen que todas las técnicas utilizadas en la atención plena están relacionadas con la meditación de una manera u otra. Esto implica que para que estés atento, necesitas usar la meditación.

La atención se crea a través de la meditación. Este es un proceso en el que enfocas tu atención. La meditación no es un proceso difícil ya que puedes aprenderlo por tu cuenta, con la ayuda de videos de instrucción. Sin embargo, también puedes usar un instructor que te ayudará a hacer las cosas fácilmente. Para obtener más información sobre éste y otros métodos para obtener la atención, lee el texto.

La relación entre la ira y la atención

La ira tiene una estrecha relación con la atención, aunque también pueden tener algunas diferencias. La ira es vista como primitiva por algunos individuos, pero es una emoción importante que está entre las más tempranas del mundo. En la mayoría de los casos, los humanos son más propensos a identificar la ira en los demás que en ellos mismos. Aquí es donde la ira ayuda a la gente a preservarse contra el peligro. Y el peligro puede ser cualquier cosa, incluyendo las palabras de otros. En tal escenario, la ira carga a una persona para ponerse a la defensiva e incluso al 'atacante'.'

Como ya se ha dicho, la ira puede ser útil y perjudicial. Todo depende de tu perspectiva y de cómo la apliques. Si se utiliza correctamente, puede ayudarnos a salir de una situación difícil y arriesgada. Pero por otro lado, cuando la usas de manera incorrecta, lo más probable es que te alejes del momento presente. Puedes destruir fácilmente tu relación cuando te enfadas frecuentemente con tu pareja. Sobre todo, puede llevarte a conflictos con otros y a veces, contigo mismo.

Es típico de los humanos tomar represalias cuando son agraviados. Cuando a alguien se le dice algo que le hace sentir agitado y desarrollar sentimientos de ira, es vulnerable a devolverlo. Y esto es lo que lleva a las discusiones y a la necesidad de hacer sufrir a la otra persona por hacerte sufrir. Tener conciencia puede ayudarte a evitar tales casos de rencor y rabia. La ira no sólo trae conflictos, sino que también crea una vía para alejar tu mente del presente. Y aquí es donde la atención viene al rescate.

Si dejas que la ira se lleve la mejor parte de ti, entonces puede consumirte por completo. Usar ejercicios de atención puede ayudar a calmar la ira y devolver a un individuo al momento actual. Además, la ira tiene una relación directa con la atención porque esta última ayuda a entender la primera. Cuando eres consciente, estás mejor situado para manejar las emociones profundas de la ira y emplear el autocontrol. Siendo consciente, descubrirás los siguientes patrones de pensamiento que pueden aumentar tu ira:

- Generalizando la gente y las cosas. Cuando generalizas constantemente a la gente y a ciertas cosas como los comportamientos, sólo estás alimentando tu ira. Esto se debe a que es probable que saques conclusiones sobre cosas que aún no han sucedido. Por ejemplo, cuando su mente está siempre fija en que su cónyuge siempre le responderá de manera grosera, entonces usted se enojará cuando no lo haga. Sentirá que están reteniendo sus palabras sólo para irritarle aún más mientras que realmente están impidiendo que se produzca una discusión. Estar atento le ayudará a reconocer su cambio de carácter en ese momento y le ayudará a disminuir su ira.

- Culpar a la otra persona por su comportamiento. Es una tendencia común en la que alguien se enfada y actúa mal, y luego culpa a la otra persona. Por mucho que alguien te haya hecho enojar de una forma u otra, eso no es justificación para la ira violenta, por ejemplo. Empleando la atención, fácilmente utilizarás la situación actual para entender que no hay necesidad de tener un arrebato emocional con la persona que te ha ofendido.

- Haciendo suposiciones y usando la lectura de mentes sin fundamento. Cuando usas tu percepción para asumir lo que alguien más está pensando, entonces puedes fácilmente desencadenar tu ira. Por ejemplo, cuando estás discutiendo con una persona y sale de la habitación sin decir una palabra, puedes pensar que es una falta de respeto. Puede que empieces a cuestionar su razón para alejarse de la discusión, incluso si es lo correcto. Un ejemplo de este tipo de pensamiento es pensar que alguien sale de la habitación porque te ve como irrazonable y estúpido. Sin embargo, puede ser que se haya ido para evitar más discusiones e incluso la distracción. Estar atento te ayudará a aprender que la lectura de la mente debe basarse en hechos.

10.Cómo controlar la ira

"Practicas la atención, por un lado, para estar tranquilo y en paz. Por otro lado, al practicar la atención y vivir una vida de paz, inspiras esperanza para un futuro de paz" Thich Nhat Hanh

Ganar el control de su ira ayuda a una mejor regulación emocional. Algunas personas se sienten incapaces de expresar otras emociones y pueden utilizar la ira como mecanismo de afrontamiento, ya que son incapaces de hacer frente a las emociones "reales" de una forma sana. Utilizar la ira como mecanismo de afrontamiento no es una forma saludable de abordar ningún tipo de problema y puede llevar a que se convierta en algo demasiado difícil de manejar. Cuando la ira se descontrola, puede tener un efecto perjudicial para la persona que la siente, además de las otras personas que interactúan con ella. El efecto que tiene sobre la salud mental puede llevar a problemas más problemáticos como relaciones románticas o familiares tensas, amistades tensas, bajo rendimiento laboral, bajo rendimiento académico, etc. En algunos extremos, puede incluso conducir a problemas o acciones más graves como el abuso físico, el abuso emocional, el abuso de sustancias y otras actividades delictivas debido a la falta de control de los impulsos y a la agresión que pueden resultar de problemas de ira no tratados. La agresión es la sensación de querer realmente causar daño a alguien física o mentalmente, por lo que cuando la ira de una persona se acumula en su interior, puede empezar a actuar agresivamente hacia otros y a herir a alguien más o a sí mismo. Esa es la razón principal por la que la ira debe estar bajo control, para evitar que alguien salga lastimado.

La cólera puede parecer efectiva desde un punto de vista a corto plazo en este momento, pero en última instancia es ineficaz a largo plazo. Por ejemplo, si una mujer se enfada porque su marido y sus hijos dejaron sus platos en la mesa después de que ella les preparó la cena, puede enfadarse y recurrir a gritarles. Esto parece efectivo en ese momento debido a que hace que el marido y los hijos vuelvan a la cocina y laven los platos. Desafortunadamente, la reacción de la mujer podría causar consecuencias negativas en lo que se refiere a los sentimientos de su marido y sus hijos. Podrían sentirse resentidos de que ella sintiera la necesidad de gritar en lugar de preguntarles con calma. Podrían sentirse culpables y pensar negativamente de sí mismos por dejar los platos inicialmente. El marido y los hijos podían enfadarse a su vez y arremeter contra la mujer verbalmente, o de otras formas pasivo-agresivas más tarde. La ira de la mujer probablemente tendrá efectos negativos en ella misma más tarde también. Puede que se sienta culpable más tarde o que se enfade de nuevo porque el marido y los hijos se comportan con más frialdad con ella, lo que podría provocar sentimientos de ansiedad o depresión. La ira no sólo es hiriente para el que la siente, sino para los que la experimentan con esa persona. Si se maneja adecuadamente, puede ayudar a aliviar el estrés convirtiéndose en una motivación para resolver un problema en lugar de sufrirlo. Cuando no se maneja, se centra más en el momento emocional y en el problema percibido que en encontrar una solución. Esta es otra razón por la que es importante manejarlo, ya que a la larga puede sentirse menos estresado y tener mejores habilidades para resolver problemas. La ira también está relacionada con el concepto de los instintos de lucha, huida y congelación. La ira es una de las fuerzas motrices del instinto de "lucha", lo que significa que la ira permite a tu cerebro y a tu cuerpo elegir la lucha como una opción cuando es necesaria en tiempos de auto preservación. Esta es una razón importante por la que la ira debe ser regulada dentro de cada persona para que sus cerebros y cuerpos permanezcan alerta y sean capaces de ser estimulados cuando sea necesario, en lugar de en momentos en los que se carece de control sobre sí mismo.

Si bien la ira tiene un efecto grave en la salud mental, también puede afectar negativamente a la salud física de una persona. La ira crónica y no controlada se ha relacionado con muchas complicaciones de salud diferentes;

- La presión arterial alta

- Aumento de peso

- Problemas digestivos

- Problemas de la piel

- Dolor en las articulaciones

- Insomnio

- Mareos y vértigo

- Ulceras

- Golpes

- Desequilibrios hormonales

- Dolores de cabeza crónicos

- Problemas de corazón

Incluso se ha demostrado que los problemas de ira incontrolada pueden llevar a desarrollar problemas de salud comunes como el resfriado común o la gripe con mayor frecuencia debido a que debilita el sistema inmunológico.

La razón que conduce a estos graves problemas físicos son los síntomas inmediatos que puede causar la ira; una sensación de opresión en el pecho, ligeros temblores o sacudidas, la tensión de los músculos, un aumento de la frecuencia cardíaca, sentirse sudoroso o caliente, sentirse repentinamente fatigado... la lista continúa. La ira incontrolada puede incluso provocar problemas dentales si su ira le hace rechinar los dientes o morderse las uñas.

Cuando todas estas diferentes reacciones físicas se producen a un ritmo frecuente, es posible que se produzcan problemas físicos permanentes cuando se dejan sin mantener. Cuando alguien está teniendo algunas, o incluso todas, estas dolencias físicas y mentales debido a la ira, eso significa que ha comenzado a dominar su vida y necesita ser abordado.

85

11.Aprenda a manejar el estrés

"Cuando no hay estrés relacionado con el trabajo, eres más consciente
de tu pareja e hijos, si eres padre. " Zig Ziglar

El estrés es una de las principales razones por las que va a experimentar la ira en nuestro mundo moderno. No es probable que sientas ira para protegerte, pero el cuerpo experimenta algunos cambios interesantes cuando estás bajo estrés y lidias con este problema por mucho tiempo. A menudo, la razón por la que te estás quebrando tanto y no eres capaz de manejar los pequeños contratiempos es porque estás bajo estrés. Tomémonos un tiempo para ver qué es el estrés y por qué le causa tanta rabia.

¿Qué es el estrés?

El estrés es un visitante no deseado en la vida de todos. Puede haber momentos del año o momentos en su vida en los que las tensiones crecen. Es cuando necesitamos tener un cuidado extra y ser más conscientes de nuestro bienestar. Afortunadamente, hay formas efectivas de manejar el estrés para que puedas superar algunos de esos momentos difíciles.

El estrés puede afectar no sólo a tu mente sino también a tu cuerpo. Tu salud se convierte eventualmente en lo más importante de tu vida, y aprender a manejar el estrés se convierte en una parte esencial de la vida para todos nosotros. El estrés es un asesino y por lo tanto, ponerse en contacto y aprender a vivir con el estrés, puede ser literalmente un salvavidas.

Aunque la mayoría de la gente ha sentido estrés, muy pocos son capaces de definir de qué se trata este fenómeno. El estrés es básicamente la forma en que tu cuerpo responde a cualquier amenaza o demanda que sufre. Cuando sientes esta amenaza, el sistema nervioso va a responder liberando algunas hormonas del estrés, incluyendo el cortisol y la adrenalina, que te harán entrar en acción. Esto significa que el corazón golpeará más rápido, los músculos se tensarán, la presión sanguínea subirá, y mucho más.

El punto del estrés es ayudarte a prepararte para huir de la situación o luchar contra ella. El cuerpo está tratando de protegerte. Pero cuando el estrés se mantiene durante mucho tiempo, todos estos síntomas pueden causar daños al cuerpo. Y como lo más probable es que estés lidiando con el estrés del trabajo o la escuela en lugar de que un león trate de comerte, estos síntomas no te protegen tanto.

Cuando se usa adecuadamente, y se mantiene bajo control, el estrés puede ser útil. Algunas personas han aprendido a usar el estrés como una forma de ayudarles a afrontar los retos. Puede ayudarles a concentrarse en la tarea que tienen entre manos, a hacer bien una presentación o a estudiar para un examen. Pero como el estrés es tan frecuente a nuestro alrededor, a menudo va a causar cambios permanentes en el cuerpo y, con el tiempo, puedes empezar a quebrarte o a sentirte enfadado por pequeñas cosas.

¿Qué puede causar estrés?

Hay muchas cosas que pueden causar estrés. Cualquier situación que vaya a causar presión sobre ti puede causar estrés. Aunque la mayoría de la gente sabe que los factores de estrés, o los factores que te hacen sentir estrés, a menudo se consideran negativos. Pero hay momentos en los que los factores estresantes son más positivos. Por ejemplo, eventos como ir a la universidad, comprar tu primera casa y casarte se consideran eventos felices, pero aún así van a causar estrés en tu vida.

Hay causas externas e internas de estrés que pueden afectar a tu vida, incluyendo:

Pensamiento rígido

Perfeccionismo

Autocomplacencia negativa

Pesimismo

Preocupación crónica

Los niños y otros miembros de la familia

Estar ocupado todo el tiempo

Problemas financieros

Dificultades en las relaciones

La escuela y el trabajo

Los principales cambios en la vida

Cada persona va a reaccionar al estrés de forma ligeramente diferente. Algunas personas pueden tener mucho estrés y apenas mostrarlo, mientras que otras pueden tener muy poco estrés y actuar como si fuera el fin del mundo. Tienes que averiguar los niveles de estrés en los que te encuentras y algunas formas efectivas de lidiar con él para que el estrés no se apodere de tu vida.

Aprender maneras de reducir el estrés

La mejor manera de reducir sus niveles de ira es aprender a reducir su estrés. Cada persona va a tener un método diferente para reducir el estrés, pero encontrar un método que funcione para usted es fundamental para recuperar su salud. A continuación, le presentamos un método que puede utilizar para reducir el estrés en su vida y ayudarle a controlar su ira.

Aprende a decir que no

A veces sientes estrés porque hay mucho que hacer. Te enfrentas a un montón de proyectos en el trabajo, salidas familiares, mantenerte al día con los niños, y mucho más. Y en lugar de darse cuenta de que ya está en un aprieto, probablemente siga adelante si alguien le pide que se ocupe de otra tarea.

Si quieres reducir tus niveles de estrés, tienes que aprender a decir no. No necesitas tomar cada proyecto y correr todo el día tratando de mantener el ritmo. Asume sólo lo que puedas manejar y nada más. Se sorprenderá de cuánto tiempo más tiene libre ya que no se siente tan estresado.

Tómese un descanso de la situación

Cuando el trabajo se está volviendo estresante o simplemente no eres capaz de mantenerte al día con todo, puede ser el momento de tomar un descanso de la situación que te está estresando. Tal vez sólo salga de la habitación durante diez minutos y dé la vuelta a la manzana. Si está en una actividad que lo estresa y no le permite divertirse, tal vez necesite retirarse por completo e intentar otra cosa. Una situación que lo estrese no vale la pena, y reorganizar su agenda para tener actividades que disfrute puede ayudarle a sentirse más feliz.

Se organizan más...

La organización es clave si quieres deshacerte del estrés. Si tus trabajos y proyectos están por todas partes y no puedes encontrar lo que necesitas, lleva más tiempo realizar un proyecto y puede que tengas que trabajar más horas. También puedes olvidarte de un proyecto y no ser capaz de trabajar en él hasta el último minuto. Invierte en un planificador y algunas carpetas y mantén todo en orden. Esto puede ahorrarte tiempo y te permite trabajar en los proyectos más importantes primero y terminar los menos importantes después. Cuando los proyectos se terminen a tiempo, no tendrás que preocuparte tanto por el estrés.

Apaga el trabajo cuando vayas a casa.

Cuando llegues a casa, estate en casa. No necesitas trabajar todo el tiempo. El hogar es el tiempo que pasas haciendo cosas que te gustan, pasando el rato con la familia y descansando del trabajo. Si traes constantemente el trabajo a casa, puede que sea el momento de cambiar algunas cosas y aprender cómo puedes ser más eficiente. Es difícil no estar estresado por el trabajo si siempre tiene que traerlo a casa y siempre se está preocupando por él.

Aprende técnicas de relajación

Cuando el estrés está a punto de apoderarse de su vida y siente que la presión sanguínea empieza a subir, puede ser el momento de encontrar algunas técnicas de relajación que le ayuden a sentirse increíble. Algunas opciones pueden incluir el ejercicio, la meditación y el yoga, o simplemente hacer algo que te guste. Intente dedicar al menos quince minutos o más a esta actividad cada día para darle a su cuerpo un descanso y aliviar su estrés.

12.¿Cuál es la mejor manera de manejar la ira?

"La vida de paz interior, siendo armoniosa y sin estrés, es el tipo de existencia más fácil" Norman Vincent Peale

Cambio de imagen mental

Las técnicas de cambio de imagen mental consisten en superar con éxito los desafíos, tomar el control de las emociones y mantenerse sano y feliz. Giran en torno a una alta autoestima y una actitud positiva.

Consejos sobre el cambio de imagen mental:

1. Conócete a ti mismo

Cuando te conoces, comprendes qué situaciones te hacen sentir incómodo y las evitas cuando puedes, o se te ocurren formas de lidiar con ellas de una manera emocionalmente inteligente. No hay una receta para la felicidad y la satisfacción, es bueno entender lo que te hace feliz para que puedas hacer más.

2.   Toma el control de tus emociones

Para una buena salud mental, es muy importante no guardar rencor o mantener las emociones reprimidas. Aunque la mejor manera de dejar ir las emociones no expresadas es hablar de ellas, si hay temas que no te apetece discutir o si no tienes a nadie con quien hablar, puedes elegir una forma no verbal de comunicación: escribir, escribir un diario, pintar, cantar o bailar. El truco es aprender a expresar tus emociones de una manera que no sea ofensiva para los demás o dañina para ti.

3.   Mantén tu cerebro en forma...

La razón por la que la mente se deteriora tan rápidamente una vez que la gente se retira es que ya no está estimulada. Mientras trabajas, estás constantemente bajo algún tipo de estrés y presión, y aunque esto puede ser malo para tu salud, mantiene tu mente alerta.

Para prevenir, o al menos retardar, el deterioro mental, piensa en juegos o actividades que mantengan tu cerebro ocupado. Si no tienes compañía, consigue una mascota. Si te gusta la lectura, únete a una biblioteca. Ve a conferencias, haz crucigramas, practica deportes, únete a un club, aprende un nuevo idioma o habilidad. Cuando cultivas nuevos intereses, abres la puerta a nuevas personas y nuevas experiencias en tu vida.

4. Aprende a disfrutar de la vida

¿Por qué es tan difícil? Algunas personas se sienten incómodas, incluso culpables cuando están disfrutando. Otros no saben cómo hacerlo. Algunos sienten que es un lujo que no pueden permitirse. Disfrutar de la vida se trata de encontrar placer en lo que haces, y no es un lujo porque no tiene que costarte nada.

Dependiendo de tu situación financiera, puede ser algo tan extravagante como unas vacaciones exóticas o tan simple como quedar con un amigo para tomar un café, plantar algunas flores en tu jardín o participar en una exposición canina. Aprender a disfrutar de la vida es encontrar una manera de sentirse feliz, sin importar lo que hagas o dónde estés. Disfrutar de la vida es ser feliz por estar vivo.

5. Medita

La meditación es una gran manera de calmar tu mente y detener la charla interna para que puedas "oír" las cosas importantes. La meditación diaria a largo plazo mejora tu salud, y de hecho recarga tu cerebro para que estés más tranquilo y puedas manejar mejor las situaciones difíciles. También te vuelves más abierto y capaz de ver las cosas desde el punto de vista de los demás. En otras palabras, te vuelves más inteligente emocionalmente. Puede sonar como un cliché, pero la meditación cambia a la gente.

6.   Cultivar la atención

Si aceptas la atención como una forma de vida, eliges ser plenamente consciente de tus pensamientos y emociones. La razón por la que la atención plena es tan importante para tu salud mental es que te hace sentir "centrado" y te ayuda a hacer frente a cualquier cosa que la vida te arroje. También mejora tu salud física al aliviar el estrés, e incluso puede reducir el dolor crónico. Cuando vives de forma consciente, estás totalmente presente en cualquier situación en la que te encuentres.

7.   Concéntrate en lo que quieres, no en lo que no quieres.

Una de las mejores maneras de desarrollar una mentalidad positiva es cambiar tu mente de lo que NO QUIERES y NO TIENES, y de lo que NO PUEDES HACER, a lo que sí quieres, tienes y sabes. Sin embargo, tienes que abordar esto con cuidado, porque el enfoque sin intención te da lo que no quieres.

8.   Dieta saludable.

La comida tiene un efecto muy real en nuestro rendimiento físico (al proporcionarnos energía), en la actividad mental (al proporcionarnos claridad mental a través de alimentos ricos en vitaminas y antioxidantes) y en las emociones (al calmarnos o alertarnos, como el chocolate, el azúcar, la cafeína y el té). Para un bienestar a largo plazo, elige una dieta que te apoye en todos los niveles de tu ser.

9. Aumenta la imagen que tienes de ti mismo

Un verdadero cambio de mentalidad es imposible si luchas con la baja autoestima. Se trata de cómo piensas en ti mismo, lo que tu apariencia dice de ti, y lo accesible que eres. Sin una imagen positiva de ti mismo, te será difícil llegar lejos en la vida. Tal vez la forma más fácil de mejorar tu autoestima es pensar en ti mismo como te gustaría ser. Como señaló Napoleón Hill, "Lo que la mente puede concebir y creer, puede lograrlo."

10. Desarrollar la inteligencia emocional

Si su vida no está demasiado desequilibrada, la mayoría de sus bloqueos mentales pueden superarse mediante el desarrollo de habilidades de inteligencia emocional, que puede aprender de libros de autoayuda como este o de asistir a un curso de inteligencia emocional. Como persona emocionalmente inteligente, siempre estarás en contacto con tu mundo interior y confiarás en tu autoconciencia para que te guíe a la hora de tomar una decisión.

Tal vez, el éxito del cambio de imagen mental depende de cuánto creas en ti mismo.

13. Técnicas de paz interior para controlar la ira

"Lo desconecto todo porque si dejo que el estrés de los demás me afecte, me estreso más de lo necesario" Simone Biles

Ninguno de nosotros pasa por la vida ileso y, con el tiempo, todos ideamos varias estrategias de afrontamiento para ayudarnos a lidiar con el estrés, los problemas, la ira y las decepciones. Sin embargo, no todas las estrategias de afrontamiento son saludables.

Las estrategias de afrontamiento poco saludables son las que la mayoría de la gente suele utilizar, principalmente porque requieren el menor esfuerzo y ofrecen una gratificación instantánea. Desafortunadamente, a menudo tienen efectos negativos a largo plazo en nuestra salud. Estas estrategias incluyen el alcohol, las drogas, los antidepresivos, el tabaco y la alimentación reconfortante.

Por otra parte, las estrategias de afrontamiento saludables, que ofrecen una mejor solución a largo plazo, no siempre son fáciles de implementar y puede llevar bastante tiempo que las primeras mejoras se vean.

Las estrategias saludables de control de la ira se basan en técnicas que ayudan a tomar el control de las emociones y a minimizar los efectos de los arrebatos de ira. Las filosofías orientales, como el budismo, el taoísmo y el yoga, recomiendan formas suaves, pero poderosas y efectivas, de manejar la ira que se centran en la paz interior y la autodisciplina.

El Tao de la paz interior

El taoísmo es un sistema de creencias que promueve la auto-aceptación, la paz interior y la flexibilidad. La razón por la que el Taoísmo y otras filosofías orientales se han hecho tan populares en Occidente es que, a medida que la vida se vuelve más compleja y las personas se encuentran enfrentando desafíos abrumadores en todos los niveles, tratan de encontrar una forma alternativa de lidiar con el estrés y restaurar el equilibrio interior.

El Taoísmo enseña muchas cosas, la más importante de las cuales es que el pasado está detrás de ti y el futuro no está aquí todavía - debes centrarte en el momento presente. Y es por eso que estas ideas son tan difíciles de comprender para muchos. En Occidente, la gente pasa toda su vida rumiando sobre sus errores del pasado y preocupándose por cómo se las arreglará en el futuro. El estar abrumado por la incertidumbre (porque se preocupan constantemente por el futuro) y el agotamiento mental (por pensar constantemente en lo que pasó en el pasado) son las principales razones por las que la ansiedad, la depresión y los trastornos mentales están alcanzando proporciones epidémicas en el mundo desarrollado.

El Tao es grande en el perdón, por lo que su enfoque en el Gestión de la ira es perdonar. Sin embargo, el hecho de perdonar o no, no importa realmente, ya que no cambiará lo que sucedió en el pasado. Lo que nos lleva a la clave del Taoísmo en la aceptación de la vida. Aceptar el pasado por lo que es, porque ha sido y se ha ido. Concéntrese en el aquí y ahora.

El Taoísmo no es una religión, sino un sistema de creencias cuya doctrina principal es que sólo la armonía dentro de las personas puede crear armonía en el entorno. Trata la ira cultivando la empatía, incluso para aquellos que hacen enojar a los practicantes. A través de la búsqueda constante de la paz interior, los taoístas desarrollan la habilidad de entender el sufrimiento de los demás, incluso de sus enemigos, sin juzgarlos.

4 consejos taoístas para lograr la paz interior:

Encuentra tu propia felicidad

La gente necesita cosas diferentes para sentirse satisfecha. No hay una receta para encontrar la felicidad, porque la felicidad significa cosas diferentes para cada persona. Sólo cuando encuentres tu propio sentido de la vida habrás encontrado la verdadera felicidad.

La paz no está a tu alrededor, está dentro de ti.

Para llegar a una etapa en la que puedas encontrar paz entre las multitudes, el ruido y el caos, tienes que ser capaz de apagarte, sin importar lo que esté pasando a tu alrededor o dentro de ti. Esto se logra a través de la meditación, que es una gran herramienta para desarrollar la autodisciplina.

Bajar las expectativas

Las expectativas son una causa importante de ira, porque te hacen demasiado ambicioso, competitivo y frustrado. La gente rara vez está satisfecha con lo que tiene y siempre quiere más. Según el Taoísmo, cuanto más esperas, menos te conviertes: la clave de la felicidad es vivir en el presente y practicar la gratitud.

Simplifica tu vida

Cuando desatasca tu vida y tu mente de todas las cosas, pensamientos e información innecesarios, creas espacio para las personas y experiencias que realmente importan.

Yoga

A pesar de la forma en que muchas personas se acercan al yoga, es mucho más que un entrenamiento. Es una tradición espiritual que reúne el cuerpo, la mente y el espíritu, y las asanas son sólo una pequeña parte de ella. Según la filosofía del yoga, el propósito principal de los ejercicios físicos es preparar el cuerpo para largos períodos de meditación, porque es necesario ser mentalmente fuerte y físicamente flexible para poder sentarse quieto durante largos períodos de tiempo.

 equilibrio interior. Sus tres elementos principales son el pranayama (ejercicios de respiración), la meditación y las asanas (ejercicios físicos). Y aquí es donde mucha gente que hace yoga se equivoca.

Para la mayoría de la gente (en Occidente, por lo menos), el yoga es simplemente una forma de ejercitar sus cuerpos. Sin embargo, aunque estos ejercicios han demostrado tener beneficios para la salud, no es eso lo que el yoga es en realidad. Sin el pranayama, las prácticas éticas y la meditación, no se está practicando realmente el yoga.

Esto significa que si sólo puedes hacer poses simples pero entiendes y sigues la filosofía del yoga, estás en un nivel mucho más alto de práctica del yoga que alguien que puede hacer incluso los ejercicios más exigentes sin entender por qué lo están haciendo.

Hay muchas escuelas de yoga diferentes, pero todas giran en torno al equilibrio de la mente y el cuerpo. Y, al igual que otras tradiciones espirituales, el yoga puede enseñarnos cómo reaccionar ante la ira sin reprimirla ni actuar agresivamente.

Según la filosofía del yoga, la ira debe evitarse a toda costa porque socava la esencia misma del yoga-lograr la felicidad y la libertad.

Los antiguos yoguis creían firmemente y practicaban el enfoque mentecuerpo de la vida. Para ellos, la ira era una especie de bloqueo a nivel mental, físico o espiritual. Para liberar la energía bloqueada, usaban una combinación de asanas, pranayama y técnicas de meditación como principales herramientas de control de la ira con las que distraer la mente enojada de los pensamientos negativos. El modelo básico de yoga para controlar la ira es detener la charla interna (con la meditación) y cambiar el enfoque del disparador de la ira al ejercicio y la respiración (con asanas y pranayama).

Estas prácticas ayudan a controlar la ira al ponerte en un estado mental que promueve la tranquilidad y aumenta la autoestima mientras mejora tu salud física al equilibrar la producción de hormonas.

3 maneras en que el yoga ayuda a controlar tu ira:

1. El yoga te calma

La meditación y las técnicas de respiración son la esencia del yoga. Te ayudan a detener la charla interna y una vez que eso sucede, es más fácil sentirse relajado y libre de estrés. Cualquiera que haya asistido a una clase de yoga sabe lo ligero y tranquilo que se siente después. Esto se debe a que la práctica del yoga reduce las hormonas del estrés (cortisol y adrenalina) e induce la respuesta de relajación (elevando los niveles de oxitocina, una hormona que reduce la presión arterial y mejora los niveles de ciertos neurotransmisores que suelen ser bajos en quienes están abrumados por la negatividad). Y sólo en este estado mental relajado podemos "ver" claramente la verdadera razón de nuestra ira o ansiedad y aceptarla. Por lo tanto, hay evidencia basada en la ciencia de que la práctica del yoga inicia una serie de cambios químicos positivos dentro de tu cuerpo.

2. El yoga aumenta tu confianza

Hacer yoga ayuda a construir tu fuerza física y mental, lo que a su vez aumenta la forma en que te sientes sobre ti mismo y tu cuerpo. A medida que tu cuerpo se vuelve más flexible, tu piel más radiante y comienzas a caminar con más gracia, no puedes sino sentirte orgulloso de ti mismo. Otra razón por la que su confianza se dispara es que el yoga mejora su salud tanto a nivel físico como mental, lo que afecta indirectamente a cómo se siente sobre sí mismo y su vida.

3. El yoga desbloquea tu energía

El yoga se trata del equilibrio del cuerpo, la mente y el alma. Para que esto suceda, la energía dentro de tu cuerpo tiene que fluir libremente. Desafortunadamente, a menudo se bloquea debido al estrés prolongado, la fatiga crónica, las emociones reprimidas, el miedo o la depresión. Como resultado, las emociones pueden desequilibrarse, y usted puede fácilmente abrumarse con la negatividad. Cuando la energía "fluye" libremente, también lo hacen sus emociones, y las emociones saludables producen pensamientos saludables.

14.Plan de trabajo práctico Gracias a la meditación para combatir la ira

"La meditación es la disolución de los pensamientos en la conciencia Eterna o Conciencia pura sin objetivación, conociendo sin pensar, fusionando la finitud en el infinito" Swami Sivananda

Hay varias maneras de meditar usando la Meditación De consciencia, recuerda que la mejor hora para meditar es a primera hora de la mañana, así que si eso significa poner tu despertador una hora antes, realmente te beneficiarás de esta práctica y no alterarás el orden de tu día. Si lo prefieres, puedes meditar por la noche antes de la cena, aunque puede ser una hora más caótica para ti, ya que inevitablemente habrá mucho ruido del mundo que te rodea. Las mañanas siempre serán la opción número uno para la meditación.

Necesitarás hacerte un diario para que al final de tu meditación, puedas tomar notas de cualquier cosa que sientas que puedes mejorar respecto a la vez anterior que meditas. Es útil tener el diario en tu espacio de meditación al alcance de la mano, para que no tengas que levantarte para usarlo, sino que puedas acceder a él al final de la meditación y durante el período de tiempo en que los latidos de tu corazón y la presión sanguínea vuelven a la normalidad después del acto de la meditación.

Ropa

Siempre debes elegir algo cómodo para llevar, para que una cintura o mangas ajustadas no te molesten indebidamente mientras meditas. Intenta llevar cosas de algodón, para no tener que preocuparte por el sudor. De hecho, si quieres estar descalzo, también está bien, especialmente si usas una silla para tu meditación. Sentir el suelo bajo tus pies te ayudará a aterrizar y te hará sentir cómodo. Nunca uses nada que sea restrictivo o que te distraiga. La ropa no debe impedir el flujo natural de energía a través del cuerpo. Es por eso que cuando ves a los Gurús, generalmente están vestidos con ropa holgada. El flujo de energía a través de los chakras del cuerpo es muy importante mientras estás meditando y te ayudará en la experiencia en lugar de obstaculizarte.

Elegir la posición de sentado

La posición de los asientos depende de ti. Si elige sentarse en una silla, por ejemplo, tiene que asegurarse de que su espalda esté recta y poner sus manos en su regazo con su mano más fuerte apoyando su mano más débil, con las palmas hacia arriba, con los pulgares tocándose. La mano más débil para una mano derecha es la mano izquierda, etc.) Los pies deben estar planos en el suelo, la cabeza ligeramente inclinada.

Para sentarse en un cojín de meditación, mueva su trasero en el cojín hasta que se sienta completamente apoyado. Las piernas deben estar dobladas en las rodillas y los tobillos cruzados. No intentes hacer la posición de loto completa porque es demasiado compleja para un principiante, y puede que no tengas la flexibilidad para mantener esa posición durante mucho tiempo. Las manos deben colocarse en el regazo con las palmas hacia arriba, como se describe en el párrafo anterior para la posición que se utiliza cuando se usa una silla. En un cojín, puede que te encuentres con que tienes que balancearte de un lado a otro para asegurarte de que la posición es perfectamente cómoda antes de empezar el proceso de meditación.

Lo que puedes experimentar es una incomodidad a mitad de una sesión de meditación, y si puedes disciplinarte para soportarla y aprender para la siguiente vez, entonces encontrarás que tus apuntes serán una ventaja valiosa y te recordarán que sentarse en una posición ligeramente diferente puede ser más adecuado. No es natural que un ser humano permanezca sentado en la misma posición durante media hora cada vez. Estamos acostumbrados a mover nuestros cuerpos. La razón por la que se hace hincapié en la postura es doble. Una es para que la energía pueda fluir a través de tu cuerpo, y la otra es para que puedas quedarte quieto en el momento y no sientas la necesidad de moverte.

Ser consciente de su entorno

Cierra los ojos por un momento para experimentar lo que te rodea. Esto te da la oportunidad de corregir cualquier cosa, que puede ser una distracción. Por ejemplo, si tienes una corriente de aire de una puerta, muévete y ciérrala. Si encuentra que el ruido de la habitación está perturbando su concentración potencial, intente encontrar un lugar más tranquilo. Al ser consciente de lo que le rodea antes de meditar, es menos probable que se distraiga con los sonidos o la atmósfera mientras medita, así que si cree que algo le va a distraer en absoluto, tiene esta oportunidad de moverlo o de acostumbrarse a lo que le rodea. Esta es una de las razones por las que sugiero a las personas que creen un espacio para la meditación porque es probable que presten más atención a lo que puede distraer y a lo que puede inspirar.

Iniciando el movimiento respiratorio

La idea de este tipo de meditación es siempre ser consciente de este momento y desistir de pensar en otro momento. ¿Cómo se hace eso? La idea es que te concentras en la respiración y sólo eso. Así que, para empezar, inspira por las fosas nasales hasta la cuenta de ocho y luego exhala hasta la cuenta de diez. Sigue respirando de esta manera hasta que te sientas cómodo porque cuando empieces a meditar, necesitarás contar la duración de la respiración y también el número de veces que logras inhalar y exhalar sin que los pensamientos te atraviesen y te distraigan.

Ahora, entienda que si un pensamiento viene, no es algo malo. El hecho es que nunca has meditado antes, así que como los pensamientos son parte de tu vida cotidiana, sería raro que no tuvieras pensamientos, y que nunca te castigaran por tenerlos. Sólo tienes que aprender qué hacer con esos pensamientos cuando suceden.

- Inspira por las fosas nasales hasta la cuenta de 8.

- Aguanta la respiración por un momento y luego exhala a la cuenta de 10.

- Esto cuenta como una

La idea es llegar a 1o, lo que significa diez inhalaciones y diez exhalaciones sin permitir que los pensamientos arruinen el flujo de este momento. Puede que no te sientas diferente durante este proceso, y es sólo con la práctica que empiezas a notar cambios en tu vida cotidiana y en tu actitud hacia ella y hacia otras personas. También encontrarás que te vuelves más amable contigo mismo y con los demás y tendrás una sensación general de bienestar.

Desterrando los pensamientos

Al principio te resultará difícil, así que no te castigues si no puedes hacerlo enseguida. ¿Recuerdas cómo te sientes en tu mente cuando haces algo en modo automático? Tal vez te limpias los dientes por la mañana sin pensarlo realmente, o te levantas y tomas el desayuno sin estar realmente pensando. Bueno, esa es la sensación que tratas de lograr cuando meditas, y no vendrá de inmediato. Los pensamientos se deslizarán en tu mente, y necesitas aprender a volver a pensar en tu respiración, dando a esos pensamientos muy poco crédito mientras estás meditando. Eso no significa que debas evitar los problemas. Sólo significa que ahora no es el momento de que te molesten. Por lo tanto, si un pensamiento viene a tu mente, trata de desterrarlos. Lleva tu mente de vuelta a la respiración, y este momento y esos pensamientos desaparecerán porque la mente no puede pensar muy bien en dos cosas a la vez. Se acostumbrará a ello. Imagina el pensamiento como un globo que se desvanece en el aire. Un minuto está ahí, y luego se va y vuelve a pensar en su respiración. No es una pena que vuelvas al principio cuando un pensamiento te interrumpe. Simplemente te ayuda a practicar lo suficiente para que tu meditación sea más consciente y esté menos llena de pensamientos.

Meditación guiada

Llegarán momentos en tu vida en los que te golpeará la montaña rusa de la vida. A menudo, nos sorprendemos de las cosas que suceden en el curso de nuestras vidas, y a veces son problemas que nos hacen preguntarnos acerca de las soluciones o tal vez preguntarnos cómo debemos reaccionar ante ellas. A veces se trata de problemas que están fuera de nuestro control, como la muerte o los acontecimientos de la vida que no podemos predecir. Usar la meditación en un momento como este te ayudará de muchas maneras:

- Le ayudará a controlar su respiración

- Ayudará a liberar tu mente para que puedas pensar con claridad

- Ayudará a sus niveles de aceptación

- Te ayudará a mantenerte fuerte para los demás y para ti mismo.

Recuerda que la razón por la que meditas no es por una causa específica. Por ejemplo, no meditas para poder olvidarte de las cosas. No es una forma de eliminar los problemas. Es una forma de ayudarte a lidiar con la vida y los problemas que te presenta de una manera más manejable que deprimirse y ansiar. Ya has aprendido a hacer un escáner corporal, y esto te ayudará a la hora de acostarte, pero si quieres ayuda para pasar el día, entonces la meditación puede ayudarte, y la meditación guiada es aún más útil en una situación como esta porque tienes algo concreto en lo que concentrarte para no sentirte solo y abrumado por lo que ha pasado.

Para la meditación guiada, puedes usar una fotografía o una vela encendida, siempre que tengas algo que tus ojos puedan ver mientras meditas. Como esto es para personas que están acostumbradas a la meditación de consciencia en su forma normal, no lo intentes hasta que tengas más experiencia, porque necesitas ser capaz de aclarar tus pensamientos y te será difícil hacerlo con los ojos abiertos al mundo.

La posición de los asientos

La única diferencia es que en esa posición sentada, deberías poder mirar lo que sea que estés usando para mirar dentro de una altura que sea cómoda de ver. Por ejemplo, un cuadro colocado a la altura de los ojos sería perfecto, aunque un poco alejado de ti. Si estás usando una vela encendida, entonces asegúrate de tener una visión clara de la llama cuando la vela esté encendida.

Intentarás limitar lo que miras al objeto que has elegido, por lo que la colocación de ese objeto es muy importante. No debe ser colocado cerca de algo que distraiga tu mente porque eso estropearía la experiencia en general. Cualquiera que sea la religión que seas, debes entender que los símbolos que usas para tu área de meditación no están destinados a la adoración. Simplemente están ahí para inspirarte. Cuando miras dentro de la belleza de un templo budista, ves colores pastel y objetos que son hermosos, pero nadie los adora. Simplemente los usan como inspiración. No tienes que entender algo para ser inspirado por ello. Puede que veas una mariposa que cobra vida sobre el parterre y te sorprenda su belleza, pero no necesitas saber cómo se produjo esa mariposa. La aceptación de tu mente para ser inspirada sigue ahí. Por lo tanto, cualquier cosa que elijas para inspirarte es muy personal y sólo se utiliza para ayudarte a centrarte en ese momento.

La práctica de la meditación

Estar en el momento. Estar a la luz de la vela o en presencia de la foto y respirar mientras se respira para meditar. Inspira por las fosas nasales hasta la cuenta de ocho y sal a la cuenta de diez. Sigue respirando de esta manera hasta que el ritmo respiratorio sea cómodo. Ahora pongan sus ojos en el objeto que han elegido y no miren hacia otro lado. No importa si parpadeas. No importa si los pensamientos vienen a tu mente, pero si lo hacen, destiérralos y vuelve a pensar en la respiración. Mira la foto si estás usando una fotografía y observa cada elemento de la foto sin crear una cadena de pensamiento en tu mente. Mira la llama de la vela - si estás usando una vela - y observa cómo cambia con cada momento que pasa. El parpadeo de la llama puede ser muy inspirador.

Este tipo de meditación puede durar hasta 20 minutos, y luego hay que esperar un momento antes de levantarse, para que los latidos del corazón y la presión sanguínea vuelvan a la normalidad. Diga una pequeña oración de agradecimiento por el momento de la meditación y termine escribiendo lo que siente en su diario. Aunque esto puede tener muy poco significado en el momento de escribir su diario, podrá volver a él en una etapa avanzada y usarlo para recordar cómo se sintió y si este sistema de meditación le funcionó o qué necesita hacer para que funcione mejor. Por ejemplo, si no tiraste de las cortinas también, entonces quizás esto te ayude a concentrarte mejor después. Tal vez la fotografía trajo recuerdos. No te pongas demasiado auto-indulgente, pero simplemente anota las emociones. No se trata de revivir algo. Se trata de vivir con ello en el ahora, y el parpadeo de la llama de la vela te ayuda a apreciar que cada momento trae un cambio en tu vida. La meditación te ayuda a encontrar la paz interior en un momento en el que tus pensamientos están tomando el control y te da un respiro para que puedas enfrentarte cómodamente a lo que sea que estés pasando.

Puedes hacer este tipo de meditación en conjunto con tu meditación diaria normal. Por ejemplo, haz tu meditación normal por la mañana y trata de hacer una meditación guiada bien a lo largo del día cuando los pensamientos han tenido la oportunidad de penetrar en tu conciencia y hacerte sentir negativo sobre la vida. Esto te ayudará a sentirte más capaz de hacer frente a lo que sea que hayas tenido que pasar. Si sientes que te ayudará, entonces hacer una meditación guiada con la ayuda de un maestro de meditación será un movimiento sabio ya que esto te ayudará a obtener la postura correcta y hacer las cosas en el orden correcto entre otros o simplemente en forma individual con tu maestro.

Este es también un tipo de meditación que puedes hacer cuando te inspiras en las cosas que te rodean. Por ejemplo, no hay nada de malo en inspirarse en un entorno natural, y puedes simplemente sentarte y respirar y observar ese entorno natural durante el día y al mismo tiempo, construir tu fuerza interior. Cuando la mente está llena de pensamientos, se le apoda "mente de mono" y estos momentos tranquilos de calma pueden ayudar a domar la mente de mono de modo que los únicos pensamientos que están en tu mente en cualquier momento son los que son relevantes para ese momento en el tiempo. Eso es extremadamente útil para los momentos estresantes de tu vida y no es evasivo. Es simplemente un reconocimiento de que tu mente necesita estar clara para que puedas realizar esas tareas que tienes por delante con claridad. Una mente tranquila es el mejor regalo que puedes darte a ti mismo, y la conciencia de tus pensamientos te ayuda a programar tu mente para poder reconocer la belleza del mundo en el que vives y lo que tiene para ofrecerte en ese momento particular en el que meditas. Cuando termines la meditación, encontrarás que la claridad continúa, y tus patrones de pensamiento cambian para que seas capaz de ponerlos en orden y ver las cosas de una manera mucho más clara.

15. Consejos para ser feliz y pacífico

"La meditación es difícil para muchas personas porque sus pensamientos están siempre en algún objeto o lugar distante. Una forma de meditación es etiquetar el pensamiento como aparece y luego elegir dejarlo ir" Wayne Dyer

La felicidad se atribuye a una mayor duración de la vida y a los matrimonios sostenidos. Por el contrario, cuando uno es infeliz, es más probable que se enfrente a la depresión, el estrés y la soledad. Todo ello contribuye a la mala salud de las personas. Algunas de las enfermedades que se basan en los constantes sentimientos de infelicidad incluyen la inflamación, la disminución de la esperanza de vida y la debilidad del sistema inmunológico.

Este es un estado mental que todo el mundo disfruta teniendo. Es un estado mental deseado o agradable que se caracteriza por la alegría, la gratificación, la satisfacción y el contento. En la década de 1960, una rama de la psicología conocida como psicología positiva, fue creada para manejar la investigación sobre la felicidad.

Las personas expresan su felicidad de diferentes formas, y algunas incluyen tonos alegres al hablar, un lenguaje corporal relajado o saltarín y expresiones faciales como sonrisas entre muchas otras. De todas las demás emociones, la felicidad se considera la más fácil de conseguir en los seres humanos. Esto se debe a que lo que pensamos puede llevarnos a la felicidad. También es un estado mental que se afirma que está afectado por la cultura. Por ejemplo, algunas culturas dictan la felicidad en términos de conseguir un trabajo bien pagado, comprar ropa, coches y casas caras. Sin embargo, la felicidad es más un asunto personal que un factor social. Lo que te hace feliz puede no hacer feliz a la otra persona, y viceversa.

En la antigüedad, la felicidad estaba estrechamente ligada a la buena salud. Cuando una persona está sana, es feliz. Esto no está lejos de la realidad, según las investigaciones, ya que la felicidad está estrechamente ligada a la salud. Los estudios han demostrado que cuanto más feliz es un individuo, menores son las posibilidades de sufrir enfermedades físicas y mentales. La felicidad también se atribuye a una mayor duración de la vida y a los matrimonios sostenidos.

Por el contrario, cuando uno es infeliz, es más probable que se enfrente a la depresión, el estrés y la soledad. Todo eso contribuye a la mala salud de los individuos. Algunas de las enfermedades que se basan en sentimientos constantes de infelicidad incluyen inflamación, disminución de la esperanza de vida y sistemas inmunológicos débiles.

1. Sé optimista y sonríe.

Esta es una forma científicamente probada de elevar tu estado de ánimo, incluso si te sientes deprimido. Así que si te enfrentas a un desafío difícil que te estresa, intenta fingir una sonrisa. Esto engañará a tu cerebro para que se sienta bien; por lo tanto, te sentirás mejor como resultado.

2. Deja de preocuparte.

Esto no es fácil de hacer. Lo que puede ayudarte a reducir la ansiedad de la incertidumbre en el futuro es tener en cuenta que la preocupación no logra nada. Si lo que te preocupa está fuera de tu control, entonces puedes disfrutar del día anterior ya que va a suceder de todos modos.

Por otro lado, si es algo que puedes controlar, entonces canaliza esa preocupación y ansiedad en una energía más productiva que te ayude a desempeñarte mejor al enfrentarte a ese desafío en el futuro.

3. Declare su espacio vital.

Mucha gente tiende a aferrarse a los recuerdos que tienen un valor sentimental para ellos y que a menudo les recuerdan el pasado. Si sólo tiene recuerdos cariñosos y felices sobre una cierta cosa, entonces, por supuesto, es posible que quiera mantenerlos. Pero si esas cosas te recuerdan a un pasado de angustia o arrepentimiento, tal vez quieras tirarlas a la basura. Cuanto menos tengas en tu posesión, más simple será tu vida y más atención podrás darle al presente.

4. Saborea cada momento.

Sea cual sea la situación en la que te encuentres ahora mismo, intenta apreciar las cosas buenas de ella. Realmente toma todos los detalles que hacen que cada momento sea especial. Cuando estés comiendo, saborea el gusto de tu comida en vez de devorarla tan rápido como puedas sólo porque tu mente ya está en eso que tienes que hacer después de comer. Piensa en los sabores de tu boca, el aroma, los colores, y aprecia todo. No pienses en nada más, sólo concéntrate en lo que tienes ahora mismo.

5. No pienses demasiado en tus logros.

Sí, puede que te traiga algo de felicidad pensar en cómo conseguiste una presentación ayer, o en un examen de la semana pasada, o en una medalla o un premio el año pasado. Pero pensar demasiado en los logros del pasado te impedirá concentrarte en el presente. Te distraerá de hacer tus tareas ahora mismo, y por lo tanto, limitará tus posibilidades de lograr algo hoy.

6. No te sientas culpable por ser feliz.

Si comer un helado, jugar a videojuegos durante horas, o darse un atracón viendo una serie de televisión te hace feliz, deja de sentirte culpable por hacerlo. Mientras seas feliz, no es una pérdida de tiempo. Sólo asegúrate de que estás haciendo estas cosas a un nivel saludable y que no estás comprometiendo tu salud o la seguridad de los demás. Está bien darse un capricho; lo que no está bien es que te excedas, y estas actividades se conviertan en una adicción que te impida vivir tu vida diaria.

Si te sientes culpable mientras disfrutas de lo que se supone que es una actividad agradable para ti, no lo apreciarás del todo. Como resultado, se sentirá menos satisfecho o saciado en comparación con simplemente hacer las actividades sin la culpa.

7. Me encanta lo que haces.

Si estás trabajando a tiempo completo o haciendo un negocio, básicamente pasas tres cuartos de tu vida haciendo eso. Si tu trabajo es algo que no disfrutas, entonces, ¿realmente vale la pena todo ese tiempo, esfuerzo y ansiedad? También puedes encontrar un trabajo que te guste. O, si no tienes que darte el lujo de cambiar de trabajo, trata de ver tu trabajo actual desde una perspectiva más positiva, en lugar de temerlo todos los días.

Recuerda, alcanzar la felicidad no es difícil si aprendes a vivir en el presente. Puede llevar algún tiempo convertirlo en un hábito, pero si lo intentas cada día y si sigues recordándote a ti mismo estar en el "ahora", con el tiempo se convertirá en parte de tu sistema.

Vivir en el ahora requiere dedicación y paciencia, pero con suficiente práctica, puede que te encuentres preocupándote menos por el futuro y estresándote menos por el pasado, sintiéndote más feliz por el presente.

8. El perdón

El perdón actúa como un bálsamo calmante en las heridas abiertas y emocionales; esto es verdad para perdonarse a uno mismo y a los demás.

Si guardas rencor contra alguien, sólo te quemarás a ti mismo en el proceso.

Cada vez que pienses en cómo alguien te ha hecho daño, te sentirás más herido. Del mismo modo, si piensas constantemente en tus errores y fracasos que te causaron dolor, sólo te molestarás más contigo mismo. Esta frustración se convierte gradualmente en ira. Para mejorar eso, perdónese a sí mismo y a los demás. Olvida las malas experiencias, aprende de ellas y sigue adelante.

Una vez a la semana, saca de 10 a 20 minutos para reflexionar sobre todo acerca de ti mismo, los fracasos, errores y malas experiencias en la vida que te han herido hasta la fecha. Escriba sobre la experiencia, regístrese o simplemente piense en ella y rebobine un mal recuerdo a la vez que le haga infeliz consigo mismo y desencadene su ira. Puede ser como cuando tuviste un accidente de coche hace unos años porque estabas borracho, o como sigues incurriendo en pérdidas en tu negocio. Cualquiera que sea tu razón, piensa y crea una imagen mental de ella.

Imagina que la imagen se agranda a medida que te sientes más enojado contigo mismo y cuando sientas que tu enojo llega a su punto máximo, imagina usar una aguja punzante para reventar la gran burbuja. A medida que estalla, imagina que toda tu ira sale de tu cuerpo. Respire profundamente y exhale más mientras lo hace. Al mismo tiempo, cante repetidamente, "Me perdono y estoy listo para seguir adelante" en su mente o en voz alta. Haz esto al menos una vez a la semana y empezarás a sentirte más tranquilo.

Trate de no pensar en su pasado o en cualquier recuerdo hiriente con frecuencia, ya sea que se relacione con usted o con alguien más. Cada vez que tu mente se aleje en el pensamiento y recuerdes una mala experiencia que desencadene tu rabia, hazte presente involucrándote más en la tarea presente. Si estás cocinando una comida, presta atención a los ingredientes que pones en el wok. Si estás viendo una película, observa atentamente lo que sucede en la escena. Cada vez que recuerde una experiencia dolorosa, sacuda la cabeza y diga, "Estoy concentrado en el presente" en voz alta.

También tienes que perdonar a todos los que te han hecho daño intencionadamente o no, y hacer las paces con la mala experiencia en general. Necesitas entender dos cosas importantes. Primero, acepta que aunque lo que haya hecho la otra persona te haya dejado dolorido y molesto, tal vez él o ella tenga una razón lógica para comportarse de esa manera. La persona tiene derecho a hacer lo que le parezca correcto, lo cual es algo sobre lo que no tienes control.

En segundo lugar, acepta el hecho de que todo lo que ha pasado ha sucedido y no puedes retroceder en el tiempo para cambiarlo por mucho que desees. En lugar de aferrarse a los rencores y a la ira por ello, perdona y sigue adelante. Puedes hacer esto de dos maneras: puedes perdonar a alguien en pensamiento, o puedes enfrentar a la persona sobre la experiencia, hacerle saber que estás listo para seguir adelante e incluso abrazarlo si es posible. Sin embargo, si esa persona ya no forma parte de tu vida, es mejor dejar ir ese dolor.

Pruebe la misma técnica que aplicó cuando se perdonó a sí mismo por lo menos durante 5 minutos diarios; es probable que se sienta menos mal por la experiencia y la persona en general.

En cuanto a perdonar a alguien en persona, trate de acercarse a la persona; planee una reunión y hable con la persona sobre la experiencia. Si es así, acepta los errores que has cometido, pero no obligues a la persona a hacer lo mismo. Hágale saber a la persona que usted está listo para cambiar y que si desea formar parte de su vida, estará feliz de darle la bienvenida. Diga esto último sólo si realmente desea permanecer en contacto con esa persona.

Haz del perdón una constante en tu vida rutinaria para que puedas empezar a perdonarte a ti mismo y a los demás en el instante en que te sientas herido. Al mismo tiempo, asegúrate de identificar tus puntos clave y las lecciones de una mala experiencia para que no cometas los mismos errores. Esto te ayuda a mejorar; la auto-mejora es una buena manera de reducir tu ira.

Incrustado en la naturaleza de la ira y especialmente del resentimiento está el dilema del perdón. Muchas personas luchan con el perdón porque creen que es un evento, un binario de "te perdono" o "no te perdono". "Muchos maestros espirituales antiguos y modernos, incluyendo los maestros de la conciencia, han promovido la importancia del perdón en la curación de la ira, tanto a largo como a corto plazo.

La atención nos ayuda a ver el perdón en un continuo, como un proceso más que como un evento. El perdón puede ser algo que necesitamos tener para nosotros mismos, para los demás o para ambos. A menudo el ciclo de la ira implica que la tomemos con otros, resultando en ira hacia nosotros mismos por hacer eso, seguido de tomarla con otros por el dolor seguido de... otra vez, te das cuenta. El perdón puede aplicarse en cualquier momento de este ciclo. Por lo tanto, el punto de partida no es importante, ya sea el perdón de uno mismo o del otro. Lo importante es que desarrollemos la voluntad de considerar la posibilidad del perdón.

No tenemos que perdonar lo peor de lo peor de una manera superficial para hacer el trabajo. Sólo tenemos que entender que incluso los pequeños pensamientos y actos de perdón cambian la dirección de nuestros pensamientos e intenciones en el futuro. Si soy capaz de perdonarme a mí mismo o a otro, me comprometo ahora, al menos por el momento, a pensar y actuar de forma diferente en relación con el dolor. Puedo usar todo lo que sé sobre mi propio dolor para quizás entender el dolor de la persona que actuó de una manera que me hizo sentir enojado. Y puedo inclinarme hacia esa misma comprensión de nuestra humanidad común para perdonarme a mí mismo por actuar con ira hacia los demás. Es humano. Estoy en un proceso. Y puedo perdonarme a mí mismo y a los demás, poco a poco, momento a momento. Con el tiempo, el perdón se construye y puede irradiar hacia otras situaciones, otras personas y otros aspectos de mí mismo.

16.Domina tus emociones y aprende a controlarte definitivamente.

"El signo de un pueblo inteligente es su capacidad de controlar sus emociones por la aplicación de la razón" Marya Mannes

¿Suele sufrir un colapso nervioso cuando se expone a un estrés extremo? ¿Tiene sentimientos persistentes de culpa? ¿Tiene temores irrazonables? ¿Le cuesta controlar su ira? Si le cuesta controlar las emociones negativas como la culpa, el estrés, el miedo y la ira, definitivamente tiene un bajo coeficiente intelectual.

Siguiendo los pasos que se indican a continuación, habrás ganado maestría y podrás estar a cargo de tus emociones. Esto incluye...:

Paso 1. Reconocer

Tienes que reconocer e identificar lo que estás sintiendo. Cada vez que experimentes una emoción negativa o una señal de acción, pregúntate, "¿qué estoy sintiendo ahora mismo?" Debes ser capaz de obtener claridad sobre esa emoción, por ejemplo: si te sientes deprimido por algo o una situación, debes ser capaz de distinguir y reconocer que te sientes deprimido o al menos que el acto de una situación o algo te ha causado una emoción de algún tipo.

Paso 2. Nombrar y reconocer su emoción

Después de reconocer o identificar que ha sentido o experimentado una determinada emoción o señal de acción, el siguiente paso es nombrar y reconocer la emoción. Como en el ejemplo anterior, si te sientes deprimido por una situación, debes nombrar esa emoción en particular como tristeza, si es posible, etiquétala tan pronto como puedas para que puedas empezar a analizarla. Además, si un amigo te hace enojar o molestar, identifica esa emoción o señal de acción como ira, para que sepas cómo abordarla y resolverla de la mejor manera posible.

Paso 3. Aceptar la responsabilidad

Acepta la responsabilidad de cada emoción. Este es uno de los pasos más difíciles para tener control sobre tus emociones porque es fácil culpar a las personas y las circunstancias con el fin de justificar la razón detrás de tu acción y tu elección de emociones. Está bien enfadarse, pero no está bien seguir enfadado.

Así que tienes que responsabilizarte de todas tus emociones y ser responsable de tus emociones. Una vez hecho esto, tus emociones comenzarán a cambiar porque te haces responsable de ellas.

Paso 4. Siente curiosidad y reemplaza tus pensamientos

"La curiosidad mata al gato", lo sé, pero no en todas las situaciones. No en esta situación. La curiosidad es un rasgo esencial para los agentes del FBI que trabajan en investigaciones y para cualquiera que quiera tener confianza y éxito.

La curiosidad es la base de todo el crecimiento de toda la vida. Como humanos, estamos conectados para ser curiosos por naturaleza, y es algo bueno si me preguntas. Si queremos seguir siendo enseñables, entonces debemos seguir siendo curiosos. Es a través de la curiosidad que nuestras mentes y corazones se expanden día a día, imaginan grandes cosas, buscan el conocimiento, y una solución incluso para las cosas imposibles. Apuesto a que aunque Einstein, Michael Faraday y todos los demás grandes inventores eran curiosos, si no lo fueran, probablemente seguiríamos en la oscuridad hasta que alguien más se vuelva lo suficientemente curioso para buscar soluciones. Conseguimos retener nuestra mente de principiante cuando siempre esperamos experimentar cosas nuevas y descubrir nueva información. Y también se necesita valor, el valor de dejar su zona de confort, pero este valor es necesario si queremos crecer y convertirnos en mejores versiones de nosotros mismos.

Este es otro excelente paso para dominar tus emociones. Siente curiosidad por el mensaje que te ofrece la emoción. Esto te ayuda a aprender tus emociones, a resolver el desafío, y a prevenir que el mismo problema ocurra en el futuro.

Algunas preguntas podrían ayudar a llamar nuestra conciencia y atención sobre por qué no deberíamos haber cedido a la señal de acción o a la emoción negativa. Llamamos a estas preguntas empodera doras. Estas preguntas son:

- ¿Qué más podría significar esto?

- ¿Qué puedo aprender de esto?

- ¿Cómo quiero sentirme?

- ¿Qué tendría que creer para sentirme así ahora mismo?

- ¿Qué estoy dispuesto a hacer al respecto ahora mismo?

- ¿Cómo se siente el resentimiento en mi cuerpo?

- ¿Esto es un "problema" o sólo una "situación"?

- ¿Qué tan importante es esto?

- ¿Esta voz interior es realmente "yo" o sólo mi ego hablando?

- ¿Estoy enfocado en el futuro o en el pasado en lugar del momento presente?

- ¿Cómo puedo sacar lo positivo de cada situación? Etc...

Estas son preguntas entre muchas otras que podrían ayudar a alejarte de esa emoción negativa en particular. No todas las preguntas funcionan para cada emoción, como se dijo antes, hay varias preguntas que uno podría hacer. A veces, los sentimientos que dejamos salir no son los que sentimos en el fondo; por ejemplo, podrías sentirte frustrado por dentro y dejar salir tu ira. La verdadera señal de acción es la depresión y la frustración, no la ira como se percibe. Así que estas preguntas de empoderamiento ayudan a encontrar el significado de empoderamiento en cualquier emoción o situación negativa.

Paso 5. Tengan confianza

La idea de la confianza en uno mismo se utiliza comúnmente para asegurarse de nuestra capacidad para juzgar con justicia, en nuestra capacidad para cumplir con las metas y tareas y también en la propiedad y tantas otras facetas de la vida. La confianza en sí mismo de un individuo aumenta a partir de las experiencias de haber dominado determinadas actividades. Cuanto más se experimentan las cosas y los acontecimientos, más confianza se tiene cuando se enfrenta al mismo reto o tarea ya que no es algo nuevo para usted; por lo tanto, está seguro de producir mejores resultados.

La manera más rápida, fácil y poderosa de manejar cualquier emoción es recordar un momento en el que se sintió una emoción similar y darse cuenta de que ya se ha enfrentado con éxito a esta emoción antes. Si lo has hecho en el pasado, puedes hacerlo de nuevo. Asegúrense de que pueden manejar estas emociones no sólo hoy, sino también en el futuro. Estos pasos pueden guiarte para que te sientas seguro:

- Empujar a través de creencias auto-limitantes; encontrar tus límites exponiéndote a diferentes situaciones.

- No confundas los recuerdos con los hechos: Visite siempre los hechos de un recuerdo cargado de creencias auto limitantes o desalentadoras e intente obtener una perspectiva más precisa del acontecimiento. Comuníquese con otros que puedan tener una perspectiva diferente.

- Ten una conversación contigo mismo: parece una locura, pero es un método muy eficiente. Tener conversaciones positivas dentro y sobre ti mismo. Recita algunas afirmaciones motivadoras.

- Empieza a pensar en positivo para borrar los pensamientos negativos: cuando haya un solo pensamiento o emoción negativa, reconócelo y presenta 4-5 emociones o pensamientos positivos que puedan anular ese pensamiento negativo, deja que estos pensamientos positivos se queden durante unos minutos.

Paso 6. Emociónese y tome la acción correcta

Emociónese por haber sido capaz de identificar, reconocer y manejar la emoción. La emoción es un mensaje de tu mente a tu cuerpo, o espíritu, diciéndote que prestes atención a algo. Tienes que ventilar la forma en que estás haciendo las cosas, ya que la ira es la respuesta a las experiencias pasadas, que pueden ser inspeccionadas y alteradas si es necesario. En otras palabras, tenemos que ser intencionales con nuestras acciones y decisiones. ¿Cuándo es el mejor momento para manejar una emoción? ¡Cuando empiezas a sentirla! Es mejor matar a un monstruo cuando aún es pequeño. No necesitamos reprimir las emociones porque, eventualmente, estallarán.

Dominar la ira en sus relaciones

La ira puede surgir incluso en la más amorosa de las relaciones. Sin embargo, en la mayoría de los casos se contiene y se disipa en minutos. En las relaciones cercanas y amorosas, la ira puede ser suavemente burlada o discutida abiertamente. Sin embargo, algunas relaciones se vuelven tóxicas porque una u otra de las parejas no puede contener su ira. Las relaciones románticas son especialmente vulnerables a los arrebatos de ira, porque las emociones son altas. Los celos y los sentimientos de inseguridad suelen estar presentes en las nuevas relaciones, pero eso no significa que la ira deba manifestarse en violencia o en un arrebato de ira incontrolado. Si eres propenso a los arrebatos de ira, entonces necesitas adoptar estrategias para dominarlos. Muchas relaciones amorosas muerden el polvo debido a la ira o al estrés si no se controlan.

A menudo, las nuevas relaciones terminan cuando los ánimos se caldean porque una u otra persona se siente decepcionada por las acciones de la otra. Por ejemplo, descubrir que su pareja tiene poca empatía puede ser molesto en una nueva relación. O tal vez la emoción se apaga en la relación demasiado rápido. Todas estas son respuestas humanas cuando se busca a alguien con quien compartir la vida. Sin embargo, algunas relaciones sobreviven, pero con la ira como parte de la relación. Si cree que su ira se interpone en la relación con su pareja, entonces es hora de dominar su ira.

Habla: La gente puede desarrollar muchas estrategias para mostrar su ira en las relaciones íntimas que tal vez no harían con sus colegas o amigos, por ejemplo, darle la espalda a su pareja: no hablar con ellos. Por supuesto, es humano cuando nos sentimos agraviados por alguien que no tenemos ganas de hablar con él. Además, probablemente es mejor no hablar en absoluto después de una discusión, ya que a veces esto empeora las cosas. Sin embargo, darle a su pareja el tratamiento de silencio por largos períodos de tiempo no resuelve nada. Tampoco lo hace el salir de la casa. Dígale a su pareja qué le ha hecho enfadar y por qué siente esa rabia. Sentarte y hablar de tu ira con tu pareja a menudo disuelve la ira para que puedas considerar formas de resolver las cosas.

Relaciones de control: Una relación no se construye por una persona tratando de controlar lo que otra persona quiere hacer. La forma en que una persona se comporta es generalmente un desencadenante de reacciones de enojo si esa persona no se ajusta a lo que otra espera de ella. Forzar a alguien a comportarse de manera diferente mediante el uso de la ira está mal. Nunca funciona, ni tampoco la humillación, o peor aún, el ataque físico. Si siente que su ira raya en este tipo de comportamiento, entonces debe buscar ayuda de un terapeuta de control de la ira. Para dominar su sentimiento de ira ante lo que usted percibe como un comportamiento inaceptable de su pareja, debe dar un paso atrás y discutir lo que le está molestando. Podría estar en peligro de asustar a su pareja, lo cual no es la respuesta que desea. Las estrategias que lo calman, como caminar, o expresar su preocupación de manera madura son estrategias aceptables. El control por el miedo nunca es una buena relación y a menudo resulta en acusaciones de violencia doméstica.

El compromiso no es una palabra sucia: Cuando una relación está llena de problemas, tu mecha puede ser corta. Explotas con la ira, y tus niveles de estrés aumentan, haciéndote sentir físicamente enfermo. Si la relación realmente no funciona, entonces necesitas sentarte y discutir esto con tu pareja. Podría ser que se separen. Por otro lado, hablando honestamente y desde el corazón, puedes sentir que la comprensión puede difuminar el conflicto. Sin embargo, para mucha gente, la palabra compromiso huele a derrota: ceder, someterse. Este no es necesariamente el caso. Una estrategia útil cuando se domina la ira en una relación es considerar los beneficios del compromiso. El compromiso, cuando se maneja con madurez, puede mejorar una relación y nivelar lo que podría haber sido una asociación desigual. En otras palabras, hacer un compromiso sólo para terminar una discusión no resuelve tu problema. Seguirá sintiendo ira y resentimiento que puede desaparecer hasta que explote en un comportamiento descontrolado.

Cuando el compromiso funciona: La comunicación es la clave para que el compromiso funcione. Si usted es capaz de discutir con su pareja su comprensión del compromiso, es más probable que funcione a favor de ambos. Para dominar su ira en esta situación, debe estar preparado para discutir sus sentimientos y lo fuertes que son. Puede ser que en esta ocasión en particular, usted sea incapaz de hacer un compromiso, especialmente si esto significa que tiene que hacer algo que no puede hacer sin resentimiento o ansiedad. Por la misma razón, usted debe escuchar lo que su pareja está diciendo también. Tal vez ellos sean incapaces de comprometerse en esta ocasión mientras usted pueda. Sean abiertos el uno con el otro. El compromiso debe ser igual y correcto para cada pareja. Discutir el compromiso puede ser edificante. La distracción también puede disipar la ira que puede volverse inmanejable.

Asesoramiento sobre relaciones: Si tu relación te hace sentir que tu ira se está cocinando a fuego lento dentro de ti, entonces tal vez una estrategia útil es buscar asesoramiento de relaciones. Este es un gran paso para dominar tu ira. Ser proactivo en lugar de reactivo le ayudará a sentirse más en control. Si estás luchando con las deudas, entonces podría ser que no sea apropiado a menos que encuentres un terapeuta que puedas pagar. Tal vez sea tu ansiedad por el dinero lo que te hace enojar con tu pareja. Sin embargo, debes hablar de esta opción con tu pareja porque ellos también sentirán estrés y enojo. Puede ser una buena inversión. Además, a menudo se ofrecen consultas gratuitas, así que vale la pena considerarlo.

Sopesar los beneficios: La terapia de relaciones es una estrategia probada para dominar la ira y el estrés en las relaciones. Sentimientos de frustración con su pareja pueden resultar en el cierre de la discusión. Nada se resuelve. Encontrar un espacio neutral para discutir las relaciones maritales o de pareja con una persona imparcial, que no juzgue o que probablemente haya escuchado todo antes puede ayudar a abrir sus sentimientos. Tal vez su enojo se basa en la falta de empatía de su pareja con respecto a su trabajo, o tal vez piensa que hay infidelidad en la relación de pareja. Sólo usted puede saber qué es lo que desencadena su ira. Si ambos están de acuerdo con la terapia de pareja, entonces deben aprovechar la oportunidad. Es una estrategia más para dominar su ira.

El resentimiento latente puede explotar en violentos arrebatos de ira. La comunicación es crucial para disipar la ira y el resentimiento. Puede ser que su pareja no se dé cuenta de su estrés en el trabajo, por lo que sin darse cuenta exaspera su ansiedad con la palabra o la acción equivocada, como invitar a sus compañeros de trabajo a cenar. Al mantener su ansiedad y estrés ocultos a sus seres queridos, está agravando sus problemas. No se sugiere que usted explote de rabia para comunicar su ansiedad. La ira y la furia no resolverán sus problemas. Discutir sus problemas abiertamente y sin malicia e incriminación será un gran paso para dominar su ira.

17.La ira en los adolescentes

"Sólo puedo notar que el pasado es hermoso porque uno nunca se da cuenta de una emoción en ese momento. Se expande más tarde, y por lo tanto no tenemos emociones completas sobre el presente, sólo sobre el pasado" Virginia Woolf

Ser adolescente es el período más difícil de la vida. Cuando tu cuerpo se está desarrollando desde el de un niño al de un adulto y tus hormonas están causando estragos en tu mente, no es de extrañar que a menudo parezcas tenso y enfadado.

Un adolescente no es más que un niño en el cuerpo de un adulto que se enfrenta a las necesidades físicas y emocionales de un adulto, pero que no se ha desarrollado completamente ni física ni emocionalmente ni es económicamente independiente para poder satisfacer esas necesidades. Como resultado, no es sorprendente que a menudo se enfaden con aquellos que sienten que son responsables de sus necesidades insatisfechas: sus padres.

¿Por qué los adolescentes están enojados?

Todos hemos sido adolescentes antes, así que todos sabemos lo difícil que puede ser crecer. En el pasado, y en algunas culturas incluso hoy en día, los adolescentes eran considerados más como niños que como adultos. Hoy en día, se espera que los adolescentes -quizás injustamente- se comporten y sean responsables de cosas que normalmente sólo los adultos deberían tratar.

Manejar a un niño que hace un berrinche puede ser difícil, pero no es nada comparado con manejar a un adolescente enojado y gritón que puede ser considerablemente más alto y fuerte que tú.

Los adolescentes pueden estar enojados con o sin razón, y depende de sus padres frenar o alimentar esa ira. En lugar de gritar y pelear, lo que puede ser muy tentador pero que sólo intensificaría la discusión, un padre debe tratar de calmarlos.

Si responde a la ira de su adolescente gritando o amenazando, se pone al mismo nivel que su hijo. De alguna manera, se vuelve igual, lo que significa que pierde algo de "peso" en la mesa de negociaciones. Si esto sucede, puede ser aún más difícil seguir negociando. Así que, hagas lo que hagas, no pierdas el control.

Para lidiar con la ira de los adolescentes, tienes que entender lo que los hace enojar. Como padre, sabes que aunque intenten actuar como adultos, el cerebro de los adolescentes aún está en desarrollo. La forma en que un adolescente percibe y experimenta el mundo es muy diferente de cómo lo ve un adulto, y esto no debe usarse en su contra.

El problema de los adolescentes enojados no es que a menudo se enojen sin una razón en particular, sino que pueden no estar expresando esa ira de manera efectiva, ya sea porque no saben cómo hacerlo o porque no se les permite hacerlo. La ira sin tratar hace que las personas se sientan impotentes e indefensas y a veces puede llevar a la depresión o a la violencia - a menudo se vuelve contra aquellos que no tienen nada que ver con su sentimiento de impotencia, pero que resultan ser un blanco fácil, como las mascotas, los hermanos o los amigos.

La causa principal de la ira de un adolescente suele deberse a los cambios fisiológicos y emocionales que se producen en sus cuerpos, mientras intentan encontrarle sentido. Sus antecedentes sociales, así como el apoyo que reciben de sus familias, pueden facilitar o dificultar este proceso.

Cosas que hacer cuando se enfrenta a un adolescente enfadado:

No uses malas palabras o insultos, ya que esto sólo empeorará las cosas.

Nunca tomes decisiones importantes, promesas o amenazas, si ambos están en un estado. Esperen a que las cosas se calmen, primero. De hecho, si tanto usted como su adolescente están muy enojados, es mejor no decir mucho. Cuando ambos se hayan calmado, pueden abordar el problema de una manera más constructiva.

Nunca te pongas físico, porque esto puede fácilmente escalar a la violencia.

Intente escuchar atentamente lo que dicen, sus comentarios o exigencias pueden estar justificados. Aunque no hagas nada al respecto, demuestra que los respetas lo suficiente como para escuchar lo que tienen que decir. Los adolescentes a menudo se sienten ignorados o menospreciados, y esto puede ser un gran desencadenante de la ira.

Los adolescentes suelen ser malhumorados y tienen sentimientos fuertes, lo que significa que a menudo no pueden pensar con claridad ni escuchar razones. No hay que echarle en cara esto: todos los cambios fisiológicos y emocionales por los que están pasando les hacen sentirse confusos y enfadados.

La ira de un adolescente suele dirigirse a aquellos que identifican como un obstáculo para sus deseos, que suelen ser sus padres. Otras veces, puede que no estén enfadados contigo, sino por algo que ocurrió en la escuela o por una discusión con un amigo.

Gestión de la ira de los adolescentes

Aunque la ira no es mala en sí misma, para ser usada positivamente, necesita ser manejada. Hay diferentes maneras de expresar la ira, y el truco es expresarla eficazmente sin herir a los demás, ya sea verbal o físicamente, o crear una atmósfera de incomodidad y miedo.

Los adolescentes pueden parecer enfadados, pero no siempre están seguros de qué o con quién están enfadados. Como resultado, pueden ser propensos a los chasquidos o a los enfados. Sin embargo, si un adolescente permanece en este modo de enfado durante meses, sin ninguna razón en particular, podría ser un signo de que su ira se ha vuelto hacia dentro. Aquellos que se enfadan durante largos períodos de tiempo pueden fácilmente hundirse en la depresión, o volverse violentos y comenzar a intimidar a los demás. Los adolescentes enfadados a menudo pueden volverse groseros, pidiendo problemas y comportándose como si quisieran convertir cada situación en una discusión. Con tales individuos, discutir cualquier cosa con calma es imposible, y casi cualquier conversación se sale fácilmente de control. Si tal comportamiento se hace frecuente, podría ser un síntoma de un trastorno basado en la ira. Lamentablemente, estos trastornos son particularmente comunes en los adolescentes que fueron sometidos a abuso físico o mental, o que a través de la televisión y los videojuegos suelen estar expuestos a imágenes de violencia, o aquellos que fueron castigados por estar enojados. Los adolescentes que recibieron poco o ningún apoyo durante su crecimiento tienen muchas más probabilidades de desarrollar algún tipo de trastorno basado en la ira más adelante en la vida, simplemente porque nunca aprendieron ni se les permitió expresar sus emociones adecuadamente.

Entonces, ¿cómo lidias con un adolescente enojado? Suponiendo que entiendas de dónde viene su ira, les ayudarás más si creas un entorno en el que se sientan seguros para expresar sus sentimientos, independientemente de lo que sean.

Otra cosa importante que hay que hacer es tratar de establecer una relación estrecha con su adolescente y animarle a que hable con usted, para que sea más consciente de las personas con las que se relaciona. Cuanto mayor sea el adolescente, más probable es que su comportamiento y sus valores se vean influenciados por sus pares, y la presión de los pares puede conducir a comportamientos inapropiados y destructivos.

Formas de ayudar a los adolescentes a manejar su ira:

Conviértase en un modelo a seguir sobre cómo manejar sus emociones.

Permítales expresar su ira.

Nunca los castigues humillándolos.

Estén atentos a quién, fuera de la casa, puede estar influyendo en su comportamiento.

Establezca las reglas, pero no olvide las recompensas.

Estén abiertos a las negociaciones, pero digan no a las amenazas, chantajes y berrinches.

Fomentar la intimidad y la unión, para que sepas lo que está pasando en su vida.

Nunca estés demasiado ocupado para escucharlos.

Permíteles ser abiertos sobre sus sentimientos.

Cultivar la confianza y el respeto mutuos.

18.Entendiendo la ira y la salud mental

"La salud mental y la sobriedad no es una línea recta, y 'Drag Race' es una familia, y apoyamos a los miembros de nuestra familia a través de cualquier cosa" Trixie Mattel

A pesar de que no existe una definición sucinta, la salud mental es esencialmente su estado de ánimo y su forma de afrontar la vida. Las variables mentales, ambientales, hereditarias o fisiológicas afectan profundamente por un gran avance mental.

¿Qué es una enfermedad mental?

La enfermedad mental debilita la capacidad de realizar tareas rutinarias, cultivar conexiones sanas o adaptarse a la ira o al estrés. Puede ser arreglado en base a episodios emocionales escandalosos, diseños de ideas tontas o destructivas, y problemas sociales.

¿Qué importancia tiene la salud mental?

Tu salud mental afecta cada parte de tu vida.

o Educación

Los estudiantes con problemas mentales se recluyen socialmente y crean problemas de ansiedad y de fijación.

o Relaciones

La salud mental se suma en gran medida al funcionamiento de las conexiones humanas. La enfermedad mental puede obstaculizar incluso las conexiones fundamentales con la familia, compañeros y asociados. Muchas personas que sufren enfermedades mentales piensan que es difícil apoyar las conexiones, tienen problemas con la responsabilidad o la cercanía, y la mayoría de las veces experimentan problemas de salud sexual.

o Comer

Las personas con problemas mentales se inclinan cada vez más a disfrutar de comidas de consuelo o de barrancos emocionales. Descubrir el consuelo en la alimentación es algo que hacemos de vez en cuando. Sea como fuere, con una enfermedad mental, se hace difícil controlarse. Complacerse puede llevar a la robustez, lo que le pone en peligro de enfermedades coronarias y diabetes, a pesar de hacer una imagen corporal poco saludable.

o Salud física

Su estado mental influye directamente en su cuerpo. Las personas que están mentalmente sanas corren menos riesgo de tener problemas de salud.

La ira y la salud mental

La ira está más estrechamente relacionada con la ansiedad. Las personas que tienen problemas de control de la ira suelen estar profundamente estresadas y al límite. Son regularmente personas excepcionalmente trabajadoras que esperan mucho de sí mismas y mucho de aquellos con los que se rodean. Los problemas de Gestión de la ira son un efecto secundario característico de su vida. Muchas de estas personas tienen niveles excepcionalmente significativos de ansiedad generalizada o ansiedad social. Estos dos tipos de ansiedad se suman a sus problemas de Gestión de la ira.

Es mucho más simple para estas personas, típicamente hombres, declarar que, "Tengo problemas de Gestión de la ira", que declarar que, "Experimento los efectos nocivos de la ansiedad social o generalizada". Las personas con ansiedad social piensan que es difícil estar en lugares abiertos, por ejemplo, centros comerciales, donde habrá muchos otros alrededor y donde una simple salida no está constantemente presente. Por ejemplo, en un tren cuando se conduce entre la casa y el trabajo, cuando el tren se está moviendo, no están listos para salir del tren hasta la siguiente parada. Las personas con ansiedad generalizada tienen poca fuerza para las situaciones estresantes de su vida. Una parte de su respuesta a estas situaciones es explotar.

Otra condición mental relacionada con la ira es la depresión. Unos pocos especialistas aceptan que la depresión influirá en 1 de cada 5 personas, en cualquier momento. El 80% de las personas soportarán la depresión en 1 momento de su vida. Así que es una condición de salud mental extremadamente normal. La depresión puede ser una condición muy desconcertante de tener, a la luz del hecho de que no hay una solución obvia para ella. Esto es particularmente decepcionante para los personajes de tipo A, impulsados por la objetividad, que frecuentemente experimentan los efectos nocivos de los problemas de ira en cualquier caso.

No hay ninguna solución. No hay una solución obvia. No pueden ir a correr, o beber algo de cerveza, beber algo de alcohol, o comer algún alimento o conversar con alguien sobre ello. La depresión es mucho más desconcertante que eso. Una respuesta típica a la depresión y la ira es desilusionar a los demás. Una vez más, es importante que la gente vea la verdad sobre la depresión, y que la analicen y la traten.

El control de la ira es una incapacidad para manejar las emociones negativas

Recuerda tu vida ahora. ¿Qué haces en cualquier momento que tengas una emoción negativa? Por ejemplo, cuando estás deprimido, nervioso o estresado, ¿qué haces? ¿Te sientas solo sin llamar la atención y lo manejas si el tiempo lo permite? O entonces, ¿intentas deshacerte de ella a través del alcohol, el ejercicio, Facebook, MySpace, Twitter, las drogas, el tabaco, conversando con tus compañeros o familia?

La gran mayoría hará lo último mencionado, a la luz del hecho de que nunca se nos ha instruido cómo tratar nuestras emociones negativas. Lamentablemente para mucha gente, nuestras emociones se parecen a un viaje emocionante. Sube cuando tenemos emociones fuertes y positivas. Se nivela cuando tenemos emociones imparciales. Se hunde cuando tenemos emociones negativas durante un tiempo específico, y después el ciclo continúa.

Consejos para mejorar su salud emocional y mental

Su actual estilo de vida puede no ser ventajoso para mantener su salud emocional y mental. Nuestro público en general está sobrecargado de trabajo, estresado y excesivamente centrado en cosas que no fomentan una gran prosperidad psicológica.

Ser proactivo y hacer cosas que cultiven una gran salud mental puede ser un enfoque innovador para mejorar la naturaleza de su vida cotidiana.

Aplique estos consejos regularmente:

Cooperar con los demás. Tener asociaciones positivas y saludables con otros tiene un impacto importante en la salud psicológica. Cooperar y asociarse con otros evitará que se sienta desamparado.

Si te desconectas, no sales de casa más que para trabajar y hacer tareas, rápidamente puedes resultar desolado y empezar a sentirte desanimado.

Más bien encuentra algo que hacer que te lleve fuera de la casa y alrededor de la gente.

Mantén tu cuerpo sano. La mala salud física puede dar lugar a dificultades con la salud mental. Cuanto mejor te sientas físicamente, mejor te sentirás psicológicamente también.

Hazlo una propensión a practicar constantemente y no es necesario que sea en un centro de recreación, puedes correr o pasear a tu perro. La natación es además una técnica de ejercicio decente. Sea lo que sea lo que hace que tu cuerpo funcione y te suba el pulso. Practicar descargas de endorfinas y endorfinas te hace sentir genial, suelto y tranquilo.

Desafíese constantemente. Aunque tener mucho estrés en tu vida es negativo, tener muy poco puede ser igual de terrible. En conjunto necesitamos una medida específica de desafíos, que es un tipo de estrés saludable, para florecer y mantenerse en forma. En el caso de que tu vida se quede corta ante cualquier desafío, haz unos cuantos. Cuando hayas superado ciertos desafíos o hayas llegado a una meta, te dará esa oleada de fervor y una sensación de logro.

Construye una meta y esfuérzate por alcanzarla. Sin duda habrá algo de estrés y desafíos a lo largo del camino, pero estará bien justificado, a pesar de todos los problemas una vez que se logren esos

Aprende a lidiar con el estrés de manera viable. Una gran parte de nosotros los hace calmar las propensiones que pueden parecer viables, pero por regla general no se abordan las razones del estrés. Unos pocos de nosotros tratamos el estrés de manera que hace la situación más horrible. En caso de que estés estresado monetariamente, comer una tina de yogur congelado te dejará sin blanca, pero también acabarás engordando. Busca soluciones positivas.

Los ejercicios, por ejemplo, hacer ejercicio, invertir energía con un amigo o leer un libro pueden ser alternativas saludables para reducir el estrés.

Hazte tiempo para ti mismo donde puedas relajarte y descansar. El estrés por algo sobre lo que no tienes control no es saludable y además no ayuda a resolver el problema o la cuestión. Por ejemplo, en el caso de que tengas problemas de dinero y te estreses y te estreses por ello, no se ocupará del problema, sólo te motivará a estresarte considerablemente más. Más bien tome un respiro completo y piense en un arreglo para disminuir sus costos en zonas específicas para tener dinero en efectivo para cosas progresivamente importantes.

Invierte energía todos los días en una acción agradable. Puede ser sacar a su perro a pasear, ir a correr, salir a ver las películas, recibir un masaje en la espalda, o en cualquier caso, jugar con sus hijos. No importa lo que hagas, siempre y cuando aprecies hacerlo y te concentres en otras cosas que no sean el trabajo o las cosas que tienes que completar o cuidar. Haz espacio para un poco de "tiempo personal".

Practica la especialidad del perdón. La ira y los resentimientos no logran casi nada. Te ponen en un ciclo mental horrendo que corrompe tu sentido de prosperidad. Constantemente estás enojado o alterado es un segundo en el que te preocupas. Acepta las cosas como ejercicio aprendido y sigue adelante en vez de insistir en las cosas que ocurrieron antes.

Dales tu tiempo a otras personas. Ayudar a alguien necesitado es un gran método para apoyar la manera en que te sientes acerca de ti mismo. Además es un gran método para conocer a otros que también se preocupan y dan.

Considere una reunión de personas a las que prefiere ayudar y encuentre una asociación que las administre. Podría ser un amigo, compañero de trabajo o alguien que acabas de conocer, si están en necesidad urgente, échales una mano e independientemente de si se trata simplemente de tener una discusión con ellos, algunos simplemente necesitan alguien que se sintonice y se preocupe.

Aprende a tranquilizar tu mente. Tu mente rara vez descansa, ni siquiera mientras lo haces. A lo largo de la noche es probable que estés lanzando, girando y soñando. Hay muchas maneras de descansar la mente: preguntar, contemplar y ensayar la atención son sólo una pareja.

Nuestros cerebros están inquietos. Están continuamente pensando, previendo y recordando. Independientemente de si no ven que están contemplando algo, su mente subliminal piensa constantemente. Aprende a controlar la tuya. La contemplación puede ayudarte a aprender a calmar tu mente. Puede tomar un par de intentos a la luz del hecho de que nuestras mentes continúan desviándose y no tienen ningún deseo de estar tranquilas, sin embargo con la práctica llegarás.

Solicite ayuda. Si te rompes el brazo, busca ayuda médica. En caso de que tengas un problema psico-inteligente, no hay explicación para no hacer lo mismo. Independientemente de cuál sea tu desafío, hay alguien accesible con la habilidad de ayudar. No es necesario que veas a un abogado o asesor si no tienes ningún deseo de hacerlo; esencialmente podrías ir a tu familia o amigos, incluso a un ministro o a cualquiera que esté ansioso por sintonizarte y darte algo de ayuda. A veces no podemos hacerlo todo solos. Pedir ayuda no es un defecto, sino que muestra calidad, ya que reconoces que no puedes hacerlo todo solo y demuestras solidaridad para conectarte con alguien que pueda apoyarte. Lleva un diario. Escribir tus consideraciones en un papel después de un largo y duro día es restaurador. Descarga la presión, y puede darte un punto de vista alternativo. Cuando escribes en un diario puedes ser tan obtuso y legítimo como necesites sin estresarte por molestar a nadie con lo que declaras ya que es para tus ojos por así decirlo. Se parece a un paquete de puñetazos, en días terribles puedes dejar salir toda tu ira e insatisfacción, y en los grandes días puedes compartir tus fervores y cosas divertidas que serán grandes recuerdos y grandes sacudidas de energía cuando tengas un día horrible.

La salud emocional y mental, son ambas básicas para su prosperidad general. En el momento en que cualquier segmento de tu salud es perdurable, resulta ser sustancialmente más difícil ser un padre, compañero de vida, amigo o representante viable. Todas las partes de tu vida, particularmente tu salud física, pueden perdurar. Utilice estos consejos para tratar su salud psicológica. En caso de que no te sientas mejor, es hora de buscar ayuda.

19. Vivir con la ira

"Cuando te ofendas por la culpa de algún hombre, vuelve a ti mismo y estudia tus propios fallos. Entonces olvidarás tu ira" Epicteto

Ahora que has aprendido el núcleo de los sistemas fisiológicos y cognitivos de la ira, estás equipado para lidiar con tu ira en el mundo real. Estás listo para responder en lugar de reaccionar. Puedes responder en lugar de reaccionar. Aprenderás prácticas que puedes hacer cada día para construir sobre lo que has aprendido y crear el hábito de trabajar a través de los desafíos de la vida en lugar de ser arrollado por ellos o atrapado por ellos. Repasaremos los diferentes ámbitos de la vida: el trabajo, el amor, la familia y los amigos, y aprenderemos habilidades para cada uno.

Sentir la ira

Desde el momento en que nos levantamos por la mañana, la ira está disponible. El sonido de una alarma a las 6:10 a.m. es demasiado temprano. ¿Quién hizo que el sol brillara tanto? ¿Por qué tengo que ir a trabajar hoy? ¿Por qué mi hijo aún no ha aprendido a dormir hasta tarde? ¡Oh hombre, olvidé ir de compras ayer, y no hay huevos en la casa! Argh, ¿y tampoco hay más café? ¿Por qué no compraste ningún *$#*@& café? Son las 6:15 de la mañana, y ya me estoy acercando a un estado de rabia.

A través de nuestro uso de la escala de control de la ira, hemos visto que no se trata de la eliminación completa de la ira. No te estamos convirtiendo en una especie de imposible ser espiritual libre de ira, levitando sobre los problemas del mundo con una sonrisa. No se trata de cirugía; se trata de enfrentar las situaciones de una manera diferente con una actitud diferente nacida del conocimiento del funcionamiento de nuestra mente y nuestro cuerpo. Parafraseando al Buda histórico, cuando me enfado, sé que me estoy enfadando. Cuando me enfado, sé que estoy enfadado. Cuando la ira pasa, sé que la ira pasa. Todavía vas a experimentar la ira en tu vida. Pero estarás un paso adelante de ella. Sabrás que estás experimentando la ira. Sólo este grado de atención te salvará de convertirte en tu ira.

Integrando el cuerpo y la mente

Nos hemos reunido y hemos empezado a utilizar una gran base de sabiduría sobre nuestro cuerpo y nuestra mente. Sabemos ahora que mucho de lo que se manifiesta como ira viene de las partes de nuestro cerebro que operan por debajo del nivel de nuestras capacidades más humanas. Esta actividad cerebral está diseñada para mantenernos a salvo, alimentados y vestidos, conectados a figuras de apego, y fuera de las garras de los depredadores. Esta energía no escucha a la mente racional para buscar pistas. Cuando estas partes del cerebro envían un mensaje, el cuerpo hará lo que estas partes de supervivencia del cerebro le digan, sin importar lo que el pensamiento racional pueda decir. Esta energía mental y física envía información a la mente racional, y entonces la mente racional responde si es posible.

A veces la mente racional puede darle sentido y tener una respuesta razonable. Cuando la información y los recuerdos se procesan correctamente, la mente racional puede identificar la diferencia entre el dilema de este momento y los estados de cuerpo y mente del pasado. Cuando no tenemos el hábito de asentar el cuerpo y la mente para poder atender las emociones difíciles con un sentido de equilibrio, se produce un efecto de bola de nieve en el que la ira actual se encierra en los sentimientos, sensaciones y pensamientos equivocados de los estados de ira experimentados anteriormente, y cada uno refuerza al otro. Nuestro pasado se concreta más, y a su vez hace que las manifestaciones de la ira actual sean peores de lo que eran cuando comenzaron, y así sucesivamente.

Uno de los mayores descubrimientos y contribuciones que Buda hizo al mundo del Gestión de la ira es la idea de que el pensamiento precede a la acción. Él dijo claramente que antes de hacer cualquier cosa en la vida, establecemos una intención. El problema es que a veces esa intención se establece por debajo del nivel de pensamiento racional por el sistema de lucha o huida, y entonces me miras de lado y te doy un puñetazo en la cara una fracción de segundo después de que mi cerebro de lagarto establece la intención de hacerlo. Buda recomendó la práctica de la atención como el antídoto para la configuración de la intención sin mente y para ayudar a integrar completamente el cuerpo y la mente.

La conciencia de nuestros cuerpos nos ayuda a asentarlos y sacarlos de las continuas reacciones de lucha o huida que impulsan y alimentan nuestra ira. Entonces también podemos traer la atención a nuestros pensamientos para ver los pensamientos que son hábiles y útiles y los que no lo son. Y ahora tenemos la capacidad de tener una conversación con nuestro cuerpo y mente enfadados y encontrar nuevas soluciones. Así es como se ve la integración del cuerpo y la mente: comunicación consciente dentro de nosotros mismos para permitir el establecimiento de nuevas intenciones.

Responder de forma diferente

Ahora que hemos establecido el nuevo centro de control terrestre para manejar nuestra ira, podemos salir al mundo y hablar y actuar dondequiera que vayamos con menos temor a convertirnos en una máquina de ira accidental. Hemos reiniciado el sistema corporal a través de la conciencia consciente. Hemos reentrenado el sistema de pensamiento para que tenga más agencia y habilidad para elegir pensamientos y vincular pensamientos y sentimientos. Hemos establecido un sistema de comunicación interna basado en la conciencia consciente donde fijamos y reajustamos la intención de mantener nuestra atención en nuestros estados corporales y pensamientos. Ahora notamos que los estados de nuestro cuerpo y mente llegan, los notamos cambiar, y los notamos irse.

¿Cómo se manifiesta todo esto como una respuesta diferente?

Se reduce a dos palabras que ya hemos aprendido: la pausa. Todo lo que hemos aprendido nos ha llevado a esto. Cuando no tenemos la pausa, entonces por definición estamos simplemente reaccionando. La pausa es donde residen todas las cosas buenas. Es en la pausa donde podemos detenernos para tomar una acción exigida por el cerebro del reptil de la que más tarde nos arrepentiremos. Es en la pausa que podemos desarrollar una comprensión que puede alimentar una respuesta más racional. Es en la pausa que podemos formular una nueva forma de responder, una forma totalmente nueva de hablar y actuar.

La ira: Está con nosotros todos los días

La ira es una emoción humana normal. Mucha gente ha desarrollado la noción de que la ira es sinónimo sólo de furia. De hecho, la ira es sólo uno de los muchos sinónimos de ira. En nuestra escala de 0 a 10, la ira vive en los extremos superiores de ese continuo. Y me arriesgaré a decir que la ira en sí misma es una emoción humana normal. Cada uno de nosotros tiene esos problemas o eventos o injusticias que producen un sentimiento que se inclina directamente en ese extremo superior de la escala de la ira. Es normal, y es humano.

Otras tres cosas que son exclusivamente humanas son la capacidad de tener una visión, la capacidad de tomar decisiones y elecciones racionales, y la capacidad de aplicar la atención a nuestras sensaciones corporales, nuestras emociones y nuestros procesos de pensamiento. A medida que nos enfrentamos a la realidad de nuestra ira cada día, necesitamos honrarla y hacer saber a esa parte de nosotros que somos conscientes de ella y capaces de manejar estas fuertes emociones. Si podemos llevar la atención a la más poderosa de nuestras cóleras, nuestra ira, entonces podemos trabajar nuestro camino hacia abajo y desarrollar la atención a las formas menores de nuestra ira. Y si estamos en contacto de esta manera con la variedad de manifestaciones y niveles de ira, podemos abordar todas y cada una de ellas en cualquier momento.

Si sabemos que la ira será parte de nuestras vidas todos los días, entonces podemos hacer un trabajo a corto y largo plazo para apoyar nuestros esfuerzos. A corto plazo, queremos tener estrategias inmediatas como las que hemos desarrollado con nuestros consejos de emergencia y el uso de la escala de ira para crear una pausa entre los sentimientos, pensamientos y acciones. También queremos hacer el trabajo a largo plazo de continuar disminuyendo nuestra tasa de ira en reposo. Ya que sabemos que la ira estará con nosotros cada día, ¿por qué no intentar que empecemos en un número más bajo de la escala? De esa manera estaremos menos en peligro de viajar hacia arriba de la escala en un territorio peligroso, donde podemos tener menos control sobre nuestras acciones.

Utilizando una combinación de habilidades de atención que abordan nuestras luchas en el momento y un programa continuo de enseñanza a nuestro cuerpo, mente y espíritu para reducir nuestro ritmo respiratorio, nuestro ritmo cardíaco y nuestra presión arterial, nos encontraremos en condiciones de vivir con nuestras parejas, nuestras familias, nuestros lugares de trabajo, nuestros viajes a la tienda de comestibles, nuestros paseos en coche por la autopista -todas nuestras relaciones y nuestras interacciones diarias-, mientras que también nos sentimos en paz con nosotros mismos y con los demás.

Consejo de emergencia

El ejercicio es una de las muchas claves a largo plazo para reducir la tasa de ira en reposo. A veces somos capaces de usar nuestras estrategias a largo plazo en el momento. Puede ayudar si tienes un espacio privado para esto, pero tal vez el verte caer y comenzar una serie de flexiones podría desactivar una situación debido a su extraña naturaleza. De cualquier manera, una rápida explosión de actividad física a un nivel que usted sea capaz de hacer, puede a menudo trabajar con alguna energía de ira rápidamente, usando la adrenalina y el cortisol que la ira produce y cambiando su perspectiva.

Trabajando con los Daily Triggers

Una de las principales enseñanzas de la conciencia es la verdad de las tres características de la existencia. Pueden ser parafraseadas así: Las cosas siempre están cambiando. La vida es a menudo insatisfactoria o difícil. Y tomar las cosas personalmente es en el fondo ilusorio, así como doloroso e innecesario. Por supuesto, a veces cuando la gente hace cosas que te molestan o te enojan, se basa en acciones o en el discurso que te afectan personalmente. Para nuestros propósitos aquí, digamos que la gran mayoría de las veces, en realidad no es personal. Uno de los mejores ejemplos de esto es una situación de ira en la carretera. Alguien te corta el paso en la autopista. Gran parte de la rabia que sientes puede provenir de tomarlo como algo personal: la creencia de que la otra persona sabía que eras tú el que estaba en el auto, que no le gustaba la marca y el modelo de tu auto, o que en realidad era capaz de intuir algunas características de tu personalidad que no les gustaban, así que te cortan el paso. Lo más probable es que no te vieran, o que simplemente fueran malos conductores, o que quizá fueras demasiado rápido, lo que provocaría la ilusión de que te cortaran el paso.

Si puedes responder a las situaciones regularmente sin tomarlo como algo personal, te garantizo que tu tasa de ira en reposo mejorará de la noche a la mañana. Hay un dicho en Al-Anon, el programa de 12 pasos desarrollado para personas que tienen seres queridos con una adicción. En ese programa a menudo he escuchado a la gente decir: "No te lo están haciendo a ti. Simplemente lo están haciendo. "Habrá situaciones en las que los intereses profundamente personales chocarán y la ira se centrará en estas diferencias, pero si nuestra primera inclinación es que no es personal, nos ahorraremos mucho dolor y mejoraremos nuestras habilidades de Gestión de la ira de manera exponencial.

Conclusión

El control de la ira es una virtud vital que ayuda a regular los sentimientos de la gente para que no se salgan de control. Los individuos varían en la forma en que se enojan, y por lo tanto, la habilidad de manejar la ira es altamente esencial.

¿Sabías que todo el mundo se enfada en algún momento? Pero un cierto grado de ira es normal y saludable. Cada día de nuestras vidas nos trae lo que puede despertar nuestra ira, lo queramos o no. Puede ser de cualquiera: nuestra familia, nuestros colegas o socios de negocios, nuestros seres queridos, la gente que nos encontramos en el paseo, en el centro comercial, nuestros proveedores de servicios, y lo más importante, nuestro propio yo, ¡sí! Podemos ser nuestras propias razones para estar enojados. Esto puede venir a través de nuestros procesos de pensamiento, el vestido incómodo que nos ponemos, la comida menos deliciosa que cocinamos y muchas otras cosas que hacemos sin saberlo para enfadarnos, a sabiendas o no. El control de la ira no trata de evitar que la persona sienta ira o de animarla a contenerla, sino que le ayuda a controlarla de una manera más eficaz y mejor. Un profesional de la salud mental puede ayudar a determinar si usted tiene una condición de salud mental subyacente que está causando su ira y requiere tratamiento.

La ira encontrará su camino de salida sin importar lo mucho que intentes reprimirla. La cosa es que, ser capaz de expresar tu ira sin perder el control. Mantenerse atento al arte de controlar la ira toma mucho tiempo y trabajo, pero cuanto más practiques, más fácil será. Y la recompensa es enorme. Sólo aprende a manejar tu ira, y a su vez te pagará por tener una mejor relación con la gente y te será fácil lograr tus objetivos.

Espero que hayan entendido que aunque llamamos a la ira extremadamente negativa, hay momentos en los que el uso de la ira puede ser considerado como positivo, sobre todo cuando se canaliza adecuadamente. Como nunca dejaría de decir, nosotros como humanos nos enfadamos una y otra vez, y nadie en este planeta puede decir que nunca ha estado enfadado antes. Esta es una realidad de la que no podemos apartarnos, una realidad que no podemos afirmar que no existe.

Lo mejor que podemos hacer si queremos ver la ira como algo positivo es descubrir de dónde viene la ira y saber cómo canalizarla hacia resultados positivos. Si te enfadas, tu mente está tratando de protegerse del resultado de las acciones tomadas contra ti. Esta ira aumenta nuestras emociones y sólo puede ser considerada positiva cuando se canaliza adecuadamente.

Cuando la ira se utiliza de manera positiva, definitivamente no va a haber ninguna razón para suprimir ningún sentimiento, lo que a menudo llevaría a la depresión y al miedo. Si usted piensa que en algún momento de la vida no necesita enojarse, cada vez que trate de reprimir su enojo probablemente porque no quiere lastimar a la siguiente persona, se encuentra en una posición en la que canaliza estos sentimientos hacia usted mismo que lo llevan a culparse a sí mismo, a la depresión y a la tristeza. Esta no es una forma saludable de vivir, especialmente si es la forma en que haces las cosas todo el tiempo.

Deberías saber lo que te hace enojar. Reflexione sobre su responsabilidad de mantener la ira bajo control. Todo el mundo debería saber los beneficios para la salud de mantener la ira a raya.

www.ingramcontent.com/pod-product-compliance
Lightning Source LLC
Chambersburg PA
CBHW070703250726

48662CB00001B/229